Hartmut Erbe

W0358386

Das Fahrerabzeichen leicht gemacht

Anforderungen · Fahrausbildung
Pferdekunde · Fragen und Antworten

Die Deutsche Bibliothek –
CIP-Einheitsaufnahme

Erbe, Hartmut
Das Fahrerabzeichen leicht gemacht : Anforderungen, Fahrausbildung, Pferdekunde, Fragen und Antworten / Hartmut Erbe. – München ; Wien ; Zürich : BLV, 1998
(BLV Pferdepraxis)
ISBN 3-405-15507-X

BLV Verlagsgesellschaft mbH
München Wien Zürich
80797 München

© 1998 BLV Verlagsgesellschaft mbH
München

Das Werk einschließlich aller seiner Teile ist urheberrechtlich geschützt. Jede Verwertung außerhalb der engen Grenzen des Urhebergesetzes ist ohne Zustimmung des Verlags unzulässig und strafbar. Das gilt insbesondere für Vervielfältigungen, Übersetzungen, Mikroverfilmungen und die Einspeicherung in elektronischen Systemen.

Printed in Germany
ISBN 3-405-15507-X

Bildnachweis

Hubert Bichlmeier:
Seiten: 13, 41, 42-49, 51, 55, 57, 59, 64, 65, 73, 74
Erwin Escher: Seiten: 8, 11, 14
Kühnle Kutschen: Seite: 54
Manfred Modl: Seiten: 3, 18, 19, 30, 37, 56, 60, 78, 85, 95,105
Ingenieurbüro Pabst: Seite: 97
Maximilian Schreiner Seiten: 10, 12, 98

Grafiken: Kerstin Diacont

Umschlaggestaltung: Werbeagentur Sander & Krause, München
Umschlagfoto: Manfred Modl

Layout und Satz:
Kerstin Diacont, Neu-Isenburg

Lithos und Filmbelichtung:
Lanarepro, Lana bei Meran (Südtirol)

Druck und Bindung: Neue Stalling, Oldenburg

BLV PFERDEPRAXIS

Hartmut Erbe

Das Fahrerabzeichen leicht gemacht

Anforderungen · Fahrausbildung
Pferdekunde · Fragen und Antworten

BLV

Vorwort

Während im Jahre 1980 laut Statistik der Deutschen Reiterlichen Vereinigung (FN) e.V. die Zahl der abgelegten Fahrerabzeichen im Bundesgebiet die Zahl 1000 kaum überstieg, bestanden 1996 in Deutschland allein vom 1990 eingeführten Deutschen Fahrerabzeichen Klasse IV - Das Kleine Fahrerabzeichen - nahezu 5000 Bewerber die Prüfung. Allein daran zeigt sich schon der Aufschwung des Fahrsports in den letzten 10 bis 20 Jahren.

Neben dem vieltausendfach bewährten „Reiterabzeichen leicht gemacht" gibt nun auch der BLV-Verlag den Fahrern ein Buch an die Hand, das als Vorbereitung auf die Prüfung zum Fahrabzeichen dienen soll.

Die Aufgabe, dieses Sachbuch zusammenzustellen habe ich gerne übernommen. Mein besonderer Dank gilt meinem Freund Karl Theodor Günther, einem besten Kenner der Materie, der mich tatkräftig dabei unterstützt hat und der Firma Kutschenmanufaktur Kühnle für die Überlassung von Bildern aus ihrem Archiv. Ein ganz besonderes Dankeschön auch an Reinhard Burggraf samt Grooms und Pferden für die Fotoaufnahmen.
Es ist nicht Absicht dieses Buches, einen Fahrlehrer zu ersetzen, es soll vielmehr eine Grundlage für den Erwerb eines Fahrerabzeichens darstellen. Der Fahrerabzeichenbewerber kann damit sein praktisches Können und sein theoretisches Wissen überprüfen.

Ich widme dieses Buch den mehr als 1000 Fahrausbildern, die tagtäglich die Grundlagen des Fahrsport immer mehr Interessenten näherbringen.

Augsburg, im Jahre 1997

Hartmut Erbe

EINFÜHRUNG

Aus der Geschichte des Menschen ist das Pferd als Zugtier nicht wegzudenken, sei es zur Bewältigung der täglichen Arbeit in der Landwirtschaft, sei es in den verschiedenen Zweigen des Handels und Gewerbes oder aus dem Dienst im Heer.

Heute ist es eine erfreuliche Erscheinung, daß viele Menschen auch den Weg zum Pferd finden, wenn auch die jahrtausendalte Verwendung kaum noch gegeben ist, so findet das Pferd als Reit- und Fahrpferd noch vielfältig Verwendung.

Es gibt heute kaum eine Stadt oder ein Dorf, wo nicht Pferde im Reit- und erfreulicherweise auch im Fahrsport eingesetzt werden. Oft sind es Hobby- und Freizeitfahrer ohne Ambitionen zum Turniersport, die allein aus Freude am Pferd und an der Natur einspannen. Aber auch bei Festumzügen, bei Brauchtumsfahrten oder für eine Fahrt zur Kirche sind Pferdegespanne gern gesehen und begehrt.

Gerade dabei spielt die Sicherheit eine große Rolle, die der Fahrer gewährleisten muß. Oft sind unsachgemäße Anspannung, ungenügende Gebisse, ungepflegte Geschirre, mangelhafte Stränge oder Leinen und nicht funktionierende Bremsen genauso wie ungenügend ausgebildete Fahrer Auslöser von Unfällen, die bei sachgemäßer Grundausbildung des Fahrers hätten vermieden werden können.

Fahrer von motorisierten Fahrzeugen im Straßenverkehr müssen ihre praktischen Kenntnisse und ihr theoretisches Wissen nachweisen, was eine Abhandlung von Fahrexperten und Sicherheitsfachleuten in der Ablegung zumindest des Fahrerabzeichens Klasse IV - Das Kleine Fahrerabzeichen - für das Gespannfahren als gleichrangig und notwendig ansieht. Es gibt die Bestätigung, die Grundkenntnisse zu besitzen, mit einem Gespann umgehen zu können.

Für die Teilnahme am Leistungssport bilden die Fahrerabzeichen den notwendigen Nachweis der Kenntnisse und Fertigkeiten für die verschiedenen Prüfungsarten des Fahrsports. So gibt das Deutsche Fahrerabzeichen Klasse IV - Das Kleine Fahrerabzeichen - die Möglichkeit, in Leistungsprüfungen der Klasse A teilzunehmen, das Fahrerabzeichen Klasse III in Bronze dann den eigentlichen Einstieg in den Leistungssport der Klassen L bis S. Damit wurde ab 1990 den modernen Erfordernissen Rechnung getragen. Zweck dieser Regelung ist es, nur solche Fahrer im Leistungssport zu zeigen, die ihr Gespann wirklich beherrschen und nicht bei jedem kleinen Zwischenfall zur Gefährdung von Zuschauern, Pferden und Fahrern führen.

Auch für die Ausbildung der Ausbilder sind die Fahrerabzeichen als Grundlage bestimmt, so für den „Fahrwart" das DFA III in Bronze, für den „Fahrlehrer" das DFA II in Silber, beides Qualifikationen, die von der Deutschen Reiterlichen Vereinigung (FN) vergeben werden. Will ein im Turniersport erfahrener Fahrer die Qualifikation als Richter für Pferdeleistungsprüfungen im Fahren erwerben, so wird neben der erfolgreichen Teilnahme an Leistungsprüfungen das DFA II in Silber verlangt.

Wer Liebe zum Fahren in sich fühlt und sich entschlossen hat, das Fahren zu erlernen, muß sich auf einen längeren Weg gefaßt machen, einen Weg, der neben der Freude auch gelegentlich Enttäuschungen und Rückschläge bringen wird. Mit Ausdauer und Geduld führt dieser Weg aber immer aufwärts. Und an seinem Ende steht die beglückende Gewißheit, mit dem Pferd ganz vertraut zu sein und es in echter Partnerschaft zu beherrschen.

Das Fahrerabzeichen

Anforderungen

Die Anforderungen, die für die verschiedenen Arten des Fahrerabzeichens gelten, sind von der Deutschen Reiterlichen Vereinigung (FN) in der Ausbildungs- und Prüfungsordnung (APO) festgelegt.

Die Bedingungen der Fahrerabzeichen

Es können folgende Fahrerabzeichen erworben werden:

- Das Deutsche Fahrerabzeichen Klasse IV, das Kleine Fahrerabzeichen,
- das Deutsche Fahrerabzeichen Klasse III in Bronze,
- das Deutsche Fahrerabzeichen Klasse II in Silber,
- das Deutsche Fahrerabzeichen Klasse I in Gold.

Sonderprüfungen

Die Sonderprüfungen für das Kleine Fahrerabzeichen und die Deutschen Fahrerabzeichen in Bronze und Silber können mit Genehmigung der zuständigen Landeskommission für Pferdeleistungsprüfungen von Reit- und Fahrvereinen durchgeführt werden. Dem gleichgestellt sind Ausbildungsstätten, die dem Niveau eines FN-gekennzeichneten Betriebes entsprechen. Die Prüfung darf nicht im Zusammenhang mit einer Pferdeleistungsschau abgehalten werden und ist den LK-Bestimmungen entsprechend vorher anzumelden.

Richter für Sonderprüfungen

Zur Abnahme der Sonderprüfung sind nur solche Personen befugt, die entsprechend als Richter für Pferdeleistungsprüfungen berechtigt sind und möglichst die Turniersportqualifikation FM besitzen. Die LK berufen wenigstens einen der notwendigen Richter und haben gegebenfalls zusätzliche Bestimmungen für ihren Bereich.

Jede Sonderprüfung ist durch zwei den Bestimmungen entsprechende Richter abzunehmen. Das Richteramt dürfen solche Personen nicht ausüben, die als Fahrlehrer den Bewerber unterrichtet haben bzw. als Ausbilder oder Leiter in dem Betrieb tätig sind, in dem die Prüfung veranstaltet wird oder mit dem Bewerber verwandt sind oder dessen Reit- und Fahrverein als Mitglied angehören.

Die Richter haben die Pflicht, vor jeder Sonderprüfung die Teilnahmeberechtigung der Bewerber nachzuprüfen, insbesondere auch, ob nicht eine erfolglose Prüfung in der Sperrfrist erfolgte.

Pferde

Zugelassen sind alle 4- jährigen und älteren Fahrpferde und -ponys, die den Anforderungen der betreffenden Klasse entsprechen. Je Prüfung ist der Einsatz eines Gespannes in der Regel nicht mehr als 6 mal zulässig.

Beurteilung

Die Beurteilung gilt grundsätzlich nur den Leistungen der Fahrerinnen und Fahrer selbst, ohne Rücksicht auf die Leistungen oder sonstigen Eigenschaften der gefahrenen Pferde, die jedoch den Anforderungen der betreffenden Klasse (A oder L) voll genügen müssen. Es kann von den Richtern daher ein Gespannwechsel verlangt werden.
In allen Teilprüfungen wird das Richtverfahren nach freiem Ermessen angewandt. In jeder der beiden Teilprüfungen erhält der Bewerber für seine Leistungen eine Wertnote zwischen 10 - 0 (ausgezeichnet bis nicht ausgeführt). Alle Teilprüfungen sind an einem Tag oder zwei aufeinander folgenden Tagen abzulegen.

Wiederholung der Prüfung

Eine nicht bestandene Prüfung kann erst nach drei Monaten wiederholt werden. Beim Kleinen Fahrerabzeichen ist auch beim Nichtbestehen nur einer Teilprüfung die gesamte Prüfung zu wiederholen, beim Deutschen Fahrerabzeichen in Bronze und in Silber muß die Wiederholung eines nicht bestandenen Prüfungsteiles innerhalb von drei bis 12 Monaten erfolgen. Beim zwei-

Sichere Hilfengebung ist Voraussetzung für Erfolg im Hindernisfahren.

maligen Nichtbestehen eines Prüfungsteiles ist auch bei den Abzeichen Klasse III und Klasse II die gesamte Prüfung zu wiederholen, was wiederum frühestens nach drei Mona-ten erfolgen kann. Alle Ergebnisse sind in den Prüfungsbögen einzutragen.

Das Deutsche Fahrerabzeichen Klasse IV

Kleines Fahrerabzeichen

Aufgabe des Kleinen Fahrerabzeichens ist es, praktische und theoretische Grundkenntnisse und Fähigkeiten im Fahrsport zu vermitteln und einen Leistungsanreiz zu schaffen und den jeweiligen Leistungsstand zu prüfen. Die Abzeichenprüfung soll den Prüflingen bei Vermeidung einer Überforderung die Möglichkeit geben, ihren Leistungsstand zu erkennen und ihnen die Basis für die erhöhten Anforderungen weiterführender Abzeichen zu legen.

Zugelassene Teilnehmer:

Alle Fahrer(innen); es gibt keine Altersbegrenzung für die Abzeichenprüfung.

Die Sonderprüfung besteht aus zwei Teilprüfungen:

a) Teilprüfung praktisches Fahren:
Richtiges Auf- und Absteigen mit vorschriftsmäßigem Abmessen der Leinen und Leinenverschnallung beim Zweispänner. Fahren und Beherrschen eines Zweispänners im Schritt und Trab mit vorschriftsmäßiger Leinen- und Peitschenführung geradeaus, in Wendungen auf einem Platz, im Gelände und im Verkehr gemäß den Richtlinien Band V der Deutschen Reiterlichen Vereinigung (FN). Auf Verlangen der Richter kann Gespannwechsel vorgenommen werden. Beurteilt werden Haltung, Leinen- und Peitschenführung des Fahrers.

b) Teilprüfung Theorie:
Jeder Bewerber wird entsprechend den Anforderungen der Klasse A in jedem der vier Prüfungsgebiete geprüft:

- Pferdehaltung und Umgang mit dem Pferd,

Eine sachgemäße Anspannung bringt Erfolg und erfreut Zuschauer und Richter.

- Grundkenntnisse im sachgemäßen Aufschirren und Anspannen, Ausspannen und Abschirren eines Ein- und Zweispänners,
- Grundkenntnisse auf dem Gebiet der Fahrlehre,
- Kenntnis der einschlägigen Bestimmungen des Tierschutzgesetzes, des Straßenverkehrsrechts und des umweltverträglichen Verhaltens beim Fahren im Gelände.

Der Bewerber muß in jeder der zwei Teilprüfungen eine Mindestwertnote von 5,0 oder besser erreichen.

Das Kleine Fahrerabzeichen berechtigt zur Beantragung des Fahrausweises, der mit dem Vermerk „Leistungs-klasse 6" versehen ist und zur Teilnahme an Wettbewerben der Kategorie C und an Leistungsprü-fungen der Klasse A der Kategorie B berechtigt.

Das Deutsche Fahrerabzeichen Klasse III Bronze

Zugelassene Teilnehmer:

Alle Fahrer(innen); Voraussetzung zum Erwerb des Deutschen Fahrerabzeichens Klasse III ist der mindestens dreimonatige Besitz des Kleinen Fahrerabzeichens.

Die Sonderprüfung besteht aus zwei Teilprüfungen:

a) Teilprüfung Praktisches Fahren:
Richtiges Auf- und Absteigen mit vorschriftsmäßigem Abmessen der Leinen und Leinenverschnallung beim Zweispänner. Fahren und Beherrschen eines Zweispänners im Schritt und Trab mit vorschriftsmäßiger Leinen- und Peitschenführung geradeaus, in Wendungen auf einem Platz, im Gelände und im Verkehr und Fahren einer Prüfung in Anlehnung an eine Dressurprüfung Klasse A gemäß den Richtlinien Band V der Deutschen Reiterlichen Vereinigung (FN).
Beurteilt werden Haltung, Leinen- und Peitschenführung des Fahrers.

b) Teilprüfung Theorie:
Jeder Bewerber wird entsprechend

Der mehrfache Deutsche Meister Michael Freund mit vorbildlicher Anlehnung der Pferde im Hindernisparcours.

den Anforderungen der Klasse A in jedem der vier Prüfungsgebiete geprüft:

- Pferdehaltung und Umgang mit dem Pferd,
- Kenntnisse im sachgemäßen Aufschirren und Anspannen, Ausspannen und Abschirren eines Ein- und Zweispänners,
- Kenntnisse auf dem Gebiet der Fahrlehre sowie des Leistungsprüfungswesens,
- Kenntnis der einschlägigen Bestimmungen des Tierschutzgesetzes, des Straßenverkehrsrechts und des umweltverträglichen Verhaltens beim Fahren im Gelände.

Der Bewerber muß in jeder der zwei Teilprüfungen eine Mindestwertnote von 5,0 oder besser erreichen.

Das Deutsche Fahrerabzeichen Klasse III in Bronze berechtigt zur Beantragung des Fahrerausweises Kat. B zur Teilnahme an allen Leistungsprüfungen der Kategorie B und A. Eine Teilnahme an Wettbewerben der Kategorie C ist für Inhaber dieses Ausweises ausgeschlossen.

Das Deutsche Fahrerabzeichen Klasse II Silber

Zugelassene Teilnehmer:

Alle Fahrer(innen); Voraussetzung ist der mindestens einjährige Besitz des Deutschen Fahrerabzeichens Klasse III in Bronze.
Die Sonderprüfung besteht aus zwei Teilprüfungen:

a) Teilprüfung Praktisches Fahren:
Richtiges Auf- und Absteigen mit

vorschriftsmäßigem Abmessen der Leinen und Leinenverschnallung bei Vierspännern. Fahren und Beherrschen eines Vierspänners im Schritt und Trab mit vorschriftsmäßiger Leinen- und Peitschenführung geradeaus, in Wendungen auf einem Platz und im Verkehr und Fahren einer Dressurprüfung Klasse L für Zweispänner gem. Aufgabenheft zur LPO und Richtlinien Band V der Deutschen Reiterlichen Vereinigung (FN).
Beurteilt werden Haltung, Leinen- und Peitschenführung des Fahrers.

b) Teilprüfung Theorie:
Jeder Bewerber wird entsprechend den Anforderungen der Klasse L in jedem der vier Prüfungsgebiete geprüft:

- Pferdehaltung und Umgang mit dem Pferd,
- Kenntnisse im sachgemäßen Aufschirren und Anspannen, Ausspannen und Abschirren eines Vierspänners und Beherrschung der Arbeit mit der Doppellonge,
- Kenntnisse auf dem Gebiet der Fahrlehre sowie des Leistungsprüfungswesens,
- Kenntnis der einschlägigen Bestimmungen des Tierschutzgesetzes, des Straßenverkehrsrechts und des umweltverträglichen Verhaltens beim Fahren im Gelände.

Der Bewerber muß in jeder der zwei Teilprüfungen eine Mindestwertnote von 6,5 oder besser erreichen.

Das Deutsche Fahrerabzeichen Klasse I Gold

Zugelassene Bewerber:

Alle Fahrer(innen)
Der Erwerb ist nur aufgrund von Turniererfolgen möglich. Gewertet werden Turniererfolge (ausschließlich Einzelerfolge) im In- und Ausland, im Ausland jedoch nur, wenn die Nennung durch die FN gem. Art. 121 RG der FEI erfolgt ist.

Es werden folgende Anforderungen gestellt:
6 Siege in Dressurprüfungen für Vierspänner Klasse S bzw. Ponys Klasse S mit der Wertnote 6,5 und besser -
oder 10 Siege in Dressurprüfungen für Zweispänner Klasse S mit der Wertnote 6,5 und besser -
oder 5 Siege in Gelände- und Streckenfahrten für Vierspänner Klasse S -
oder 10 Siege in Gelände- und Streckenfahrten für Zweispänner Klasse S -
oder 5 Plazierungen an 1. - 5. Stelle in kombinierten Prüfungen Klasse S (mit Gelände- und Streckenfahrten) bzw. Vielseitigkeitsprüfungen für Vierspänner Klasse S -
oder 10 Plazierungen an 1. - 5. Stelle in kombinierten Prüfungen Klasse S (mit Gelände- und Streckenfahrten) bzw. Vielseitigkeitsprüfungen für Zweispänner Klasse S -
oder eine Plazierung an 1. - 6. Stelle bei der Weltmeisterschaft der Fahrer für Vierspänner oder für Zwei- spänner -
oder eine Plazierung an 1. - 3. Stelle bei einem CAIO (Vielseitigkeitswertung für Vierspänner oder für Zweispänner).
Die Erfolge sind formlos mit einem Antrag der Deutschen Reiterlichen Vereinigung nachzuweisen.

Mit Stolz kann Reinhard Burggraf für seine nationalen und internationalen Erfolge das Deutsche Fahrerabzeichen in Gold tragen.

Die Ausbildung des Fahrers

Einteilung.

Ziel.

Hilfen.

Die Fahrausbildung gliedert sich in drei Teile, einen praktischen Teil, einen theoretisch-praktischen Teil und einen theoretischen Teil. In der Prüfung zum Fahrerabzeichen werden der theoretisch-praktische und der theoretische Teil in ein Prüfungsfach zusammengenommen.

Einteilung der Ausbildung

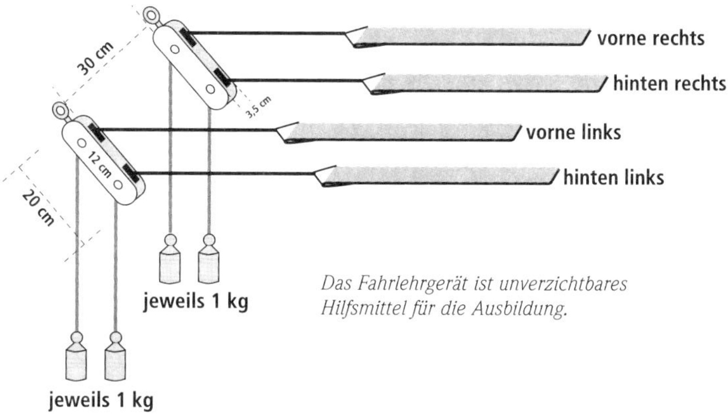

Das Fahrlehrgerät ist unverzichtbares Hilfsmittel für die Ausbildung.

Der praktische Unterricht läßt sich zwangsläufig nur beim Fahren selbst durchführen, wozu ein geeignetes, erfahrenes Gespann notwendig ist. Ein ausgeglichenes Temperament, leichte Annahme der Hilfen, dabei jedoch eine gewisse Robustheit und Anpassungsfähigkeit sollen Eigenschaften sein, die vom Fahrlehrer immer wieder selbst zu fördern sind. Als Ort ist anfangs ein abgegrenzter Platz anzustreben, ehe auf der Straße und im Verkehr gefahren werden kann.

Die theoretisch-praktische Ausbildung erfolgt in einem hierfür geeigneten Raum, der wetter- und lichtunabhängig ist, es kann die Geschirrkammer sein, ein anderer Raum im Stallbereich oder ein eigener Lehrraum. Die Unterrichtsstunden für Pferdepflege und Stalldienst werden im Stall selbst gehalten, die Geschirrpflege in der Geschirrkammer oder an anderer geeigneter Stelle.
Die Ausbildungshilfen zum Unterricht sind zumeist auch in diesem Raum untergebracht.
Der theoretische Unterricht wird zweckmäßig mit Lehrtafeln, Filmen u.ä. ergänzt und intensiviert und findet ebenfalls in einem genügend großen Raum statt, der das Anschauungsmaterial und die Tafeln zum Anschreiben enthält.

Die Einbeziehung von Fachleuten, z.B. Veterinäre, Schmiede u.ä. kann die Ausbildung auflockern und bereichern.

Ziel der Ausbildung

Als Ziel der Ausbildung des Anfängers sind anzusehen:

- Erwerb der Grundkenntnisse auf allen Gebieten der Pferdekunde,
- Erlernung des Systems Achenbach mit Leinen- und Anspannungsgrundsätzen,
- theoretische und praktische Kenntnisse der Geschirrlehre und der Geschirrpflege,
- Kenntnisse der Verkehrsbestimmungen für Gespanne einschließlich Tier- und Naturschutz,
- Führung eines Zweispänners nach dem System Achenbach.

Für die Fortbildung gelten die Anforderungen an das Deutsche Fahrerabzeichen Klasse III in Bronze bzw. das Deutsche Fahrerabzeichen Klasse II in Silber als Maßstab der Ausbildung.

Hilfsmittel

Ausbildungshilfen

Das Fahrlehrgerät

Das Fahrlehrgerät ist im theoretisch-praktischen Teil unverzichtbar als Fahrsimulator notwendig. Es ermöglicht ohne Rücksicht auf Wetter und Lichtverhältnisse zu üben und der Fahrlehrer kann mehrere Schüler

Peitschenübungen, besonders für die Viererzugpeitsche, sollen an der Gespannattrappe gemacht werden.

zu gleicher Zeit unterrichten und kontrollieren. An ihm werden die Leinenhaltungen und -griffe geübt, bis die Griffe und Haltungen ohne Hinsehen und Überlegungen durchgeführt werden können. Hier entwickeln sich das fahrerische Gefühl durch Handfertigkeit und stetige Kontrolle durch das Auge an Hand und Gewichten.

Bei diesen „Trockenübungen" sollten immer Peitsche oder Peitschenersatzstöcke und Handschuhe, wie später beim richtigen Fahren, Verwendung finden. Zweckmäßig erscheint es, nach kurzer Zeit die Hände zeitweise abzudecken, um ohne Blick auf die Leinen die Griffe sicher ausführen zu können.

Fahrlehrgeräte lassen sich ohne großen Aufwand und ohne große Kosten behelfsmäßig herstellen und anbringen. Zweckmäßig ist, die Herstellung so vorzunehmen, daß später auch die Leinengriffe für das Fahren eines Vierspänners erlernt und geübt werden können.

Das Gegengewicht der Leinen sollte ca. 1 kg betragen, die Länge der Leinen, meist alte Trensenzügel, sollten rund zwei Meter lang sein, damit man ohne Probleme auch das Verkürzen und Verlängern der Leinen üben kann. Beim Anfang der Fahrausbildung oder bei längeren Fahrpausen wird bei vielen Lernenden Muskelkater in den Armen und Händen auftreten, der sich sich nach weiterem Training schnell beheben wird.

Die Gespannattrappe

Als weiteres Übungsgerät kann eine Gespannattrappe dienen, die es ermöglicht, die Peitschenhilfen zu erlernen und zu üben. Besonders der Einsatz der Viererzugpeitsche bedarf des Erlernens, ohne die Pferde zu stören und die Treffsicherheit zu erhöhen.

Hilfen

Die Hilfengebung

Um sich seinen Pferden verständlich zu machen, stehen dem Fahrer verschiedenen Hilfen zur Verfügung:

1. Die Leinenhilfen.
2. Die Peitschenhilfen.
3. Die Stimmhilfen.

Einzelne Hilfen führen in der Regel nicht zum Erfolg, sondern die aufeinander abgestimmten Hilfen sind erforderlich, um das Gespann sicher zu führen. Alle Hilfen sind bereits vor dem eigentlichen Fahren im theoretisch-praktischen Teil der Ausbildung zu üben. Dem Fahrer muß es gelingen, die Hilfen unab-

hängig von der Bewegung der Pferde in der richtigen Weise und der notwendigen Koordination zu geben.
Unterstützung können die Hilfen erhalten durch den richtigen Bremseneinsatz, der die Energie des rollenden Wagens verringern soll, jedoch nicht die Pferde zurückhalten.

Achenbach

Das Deutsche Fahrsystem Achenbach

Grundlage

Grundlage der Ausbildung ist das Fahrsystem Achenbach.
Benno von Achenbach wurde 1861 geboren, war ab 1906 Fahrexperte am königl. Marstall Kaiser Wilhelm II., und schuf 1899 zuerst für den „Deutschen Sportverein" seine Stil-Anspannungsgrundsätze. Sie wurden sowohl im Turniersport als auch bei den bespannten Truppenteilen des deutschen Heeres Grundlage. Seit 1922 ist das Achenbach`sche Fahrsystem für den deutschen Fahrsport bindend und wurde in den Richtlinien für Reiten und Fahren, Band 5, der Deutschen Reiterlichen Vereinigung (FN) als Grundlage der Ausbildung von Fahrern und Fahrpferden weitestgehend übernommen und für verbindlich erklärt.

Grundlage des Achenbach-Fahrsystems sind:

Zweckmäßigkeit · Sicherheit · Pferdeschonung

Hierzu sind sieben Grundsätze einzuhalten:

1. Zum korrekten Fahren gehören die Achenbach-Leine, die Peitsche und die feste Bracke, ohne die die Vorteile der Achenbach-Leine nicht genutzt werden können.
2. Auf dem Gelernten für das Ein- und Zweispännigfahren baut sich das Fahren mit Vier- und Mehrspännern auf.
3. Die Grundhaltung mit den Leinen in der linken Hand gibt die Möglichkeit, die rechte Hand zum Bremsen, Peitschengebrauch, Grüßen oder zur Fahrtrichtungsanzeige frei zu haben.
4. Alle Wendungen werden durch das Nachgeben mit der äußeren Leine eingeleitet. Den Wendungen geht immer ein Verkürzen des Tempos voraus.
5. Mit der senkrechten Stellung der Hände in der Grund- bzw. Dressurhaltung können Wendungen nur durch Drehen der Handgelenke gefahren werden.
6. Durch den Sitz des Fahrers auf der rechten Seite des Bocks sind Rechts- und Linkswendungen grundsätzlich voneinander verschieden und sind deshalb unterschiedlich zu fahren.
7. Das Gleitenlassen der Leinen in der Hand macht korrektes Fahren unmöglich und verhindert die sichere Beherrschung des Gespanns.

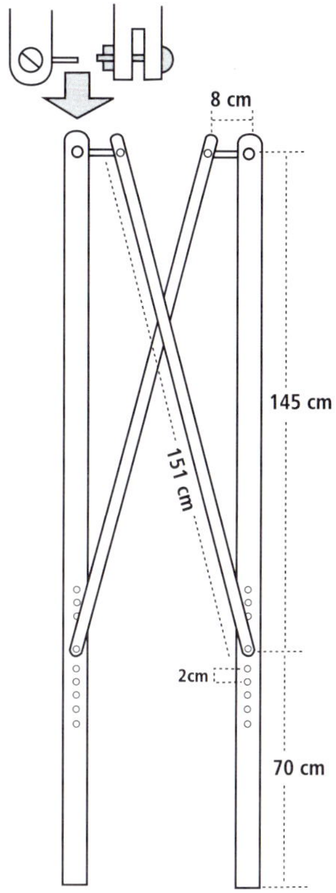

Mit der Holzleine können die Verschnallungen deutlich gemacht werden.

Im Augenblick von Gefahr beim Fahren ist darüberhinaus jeder zur Abwendung der Gefahr geeignete Griff erlaubt und richtig, wenn er auch vom Griffsystem der Achenbachlehre abweichen sollte.

Anforderungen an den Fahrer

Das Pferd ist ein Herdentier mit einem ausgeprägten Sozialverhalten und einer festen Rangfolge, in der der Mensch und somit der Fahrer auch eine entscheidende Stellung inne hat.
Als Partner des Pferdes muß der Fahrer dieser besonderen Stellung gerecht werden, die Eigenschaften des Pferdes und seine Verhaltensweisen kennen, sie respektieren und sie im Rahmen der Ausbildung pflegen und fördern.
Der Fahrer muß hierzu Achtung vor den Lebensbedürfnissen des Pferdes, muß Tierliebe und Einfühlungsvermögen haben, die sich in Selbstbeherrschung, Geduld und Fairneß gegenüber dem Pferd zeigen.
Dies setzt entsprechende theoretische Kenntnisse im hippologischen Bereich voraus, besonders jedoch den persönlichen Bezug zu den Pferden, mit denen der Fahrer umzugehen hat. Der Umgang mit den Pferden, von der Stallarbeit, der Pflege bis zur Versorgung der Pferde, darf dem Fahrer nicht zu schade sein, um dabei den Kontakt herzustellen und zu pflegen.

Das Auftreten des Fahrers in der Öffentlichkeit ist nicht an besonderes Outfit gebunden. Im Freizeitbereich gibt es keine festen Regeln des Anzugs, die Zweckmäßigkeit steht hier allein im Vordergrund. So stehen legere strapazierfähige Anzüge oder Kostüme für die Fahrerinnen im Vordergrund, möglichst leicht zu pflegen wegen der unvermeidlichen möglichen Verschmutzung. Stabile Schuhe, nicht Sandalen oder Turnschuhe, sind empfohlen, lederne Handschuhe und eine Kopfbedeckung. Eine Bock- oder Kniedecke schützt vor Verschmutzung durch aufspritzenden Dreck und Fett an den Leinen.
Für das Fahren im Turniersport gibt es genaue Bekleidungsvorschriften, die der Stilart des Fahrzeugs und der Beschirrung entsprechend unterschiedlich sind. Die LPO gibt darüber genaue Angaben.

Der Fahrer sitzt auf der rechten Seite des Wagens, ein genügend hohes Sitzkissen ist wichtig, damit er Überblick über das Gespann und die Straße oder das Gelände hat.
Der Oberkörper ist gerade aufgerichtet, die linke Schulter und Hüfte etwas vorgenommen, dazu bildet der rechte Fuß einen Winkel von ca. 30° zum linken Fuß, der in Fahrtrichtung zeigt, die Fersen liegen aneinander. Bei Wagen mit Fußbremsen ist dies nicht immer möglich, doch ist darauf zu achten, daß die linke Schulter nicht zurückhängt.
Die Knie sind beisammen und angewinkelt, das Sitzkissen darf nicht so hoch sein, daß der Fahrer stehen muß.
Die Oberarme liegen locker am Oberkörper, nicht angepreßt, Ellbogen und Schulter müssen beweglich sein.
Die linke Hand steht vor der Mitte des Körpers, eine Handbreit davon entfernt, die Handrücken zeigen zu den Pferden.
Bei richtiger Führung der Leinen bilden Ellbogen - Hand - Pferdemaul eine durchgehende Linie.

Leinen und Geschirr

Ein-, Zwei,- und

Vierspänner-Leinen.

Geschirrkunde.

Aus Sicherheitsgründen muß den Leinen besondere Aufmerksamkeit geschenkt werden. Sie müssen aus bestem Material gefertigt werden und durch richtige Pflege in ihrer Gebrauchsfähigkeit erhalten bleiben.

Die Achenbach-Leine und ihre Maße:

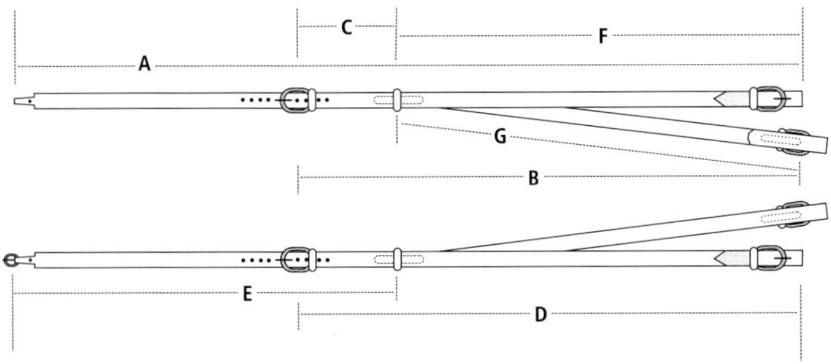

A - Maß der Außenleine: 4,50 m
B - Maß der Innenleine: 3,02 m
C - Abstand von der Kreuzschnalle bis zur Kreuzschlaufe: 1,02 m
D - Abstand vom (6.) Normalloch bis zur Anschnallstrippe bei der Außenleine: 2,90 m
E - Abstand der Mitte des Ansatzstückes von der Schnallstrupfe bei der Außenleine: 2,40 m
F - Abstand vom Ansatzstück bis zur Einschnallstrippe der Außenleine: 2,10 m
G - Abstand der Kreuzschlaufe von der Einschnallstrippe bei der Innenleine: 2,00 m

Die Leinen

Die Leine beim Zweispänner

Die Achenbach-Leine besteht aus zwei durchgehenden Außenleinen und zwei verschnallbaren Innenleinen, vier Schnallstrippen mit Schnallen, zwei Kreuzschlaufen, zwei Kreuzschnallen und zwei Leinenschonern.

Die Außenleinen sind 4,50 m lang, die Innenleinen 3,02 m lang. Die Breite der Leinen beträgt bei neuen Leinen 27 cm, sie wird mit zunehmendem Gebrauch etwas schmäler. Auf den Außenleinen sind 11 ovale Löcher im Abstand von 4 cm angebracht, die zur Verschnallung der Innenleinen dienen. Das sechste Loch gilt als Normalloch, die Entfernung bis zur Einschnallstrippe beträgt 2,90 m. Die Innenleine ist damit um 12 cm länger als die Außenleine, was die Entfernung ausmacht, die man zur geraden Stellung der Pferdeköpfe bei mittleren Pferden benötigt. Jede der vier Leinen hat ein Ansatzstück, an der die Leinen zur richtigen Länge zusammengenäht sind. Zur Betriebssicherheit müssen diese Ansatzstücke so angebracht sein, daß sie weder scheuern noch reiben können, da eventuell die Nähte aufgehen könnten.

Die Strupfen an der Gebißschnalle sind nur mit einem ovalen Loch versehen, hier darf keine Verschnallung möglich sein. Die Kreuzschnallen, die an der inneren Leine angebracht sind, verhindern eine vorzeitige Teilung der Leinen; die Leinenschoner verhindern unter den Kreuzschnallen Druckstellen und vorzeitigen Verschleiß. Die linke Leine endet auf der Handseite mit einer Schnalle, die rechte mit einer Strupfe, um die entsprechenden Leinen für die Pferde gekennzeichnet zu haben.

Bei der Achenbach-Leine unterscheidet man drei Arten von Schnallungen:

1. Normalschnallung für mittlere Pferde im 6. Loch, das entspricht 10 freien Löchern von der Hand des Fahrers bis zur Kreuzschnalle auf beiden Leinen.
2. Normalschnallung für breite, schwere Pferde im 7. Loch, das entspricht 12 freien Löchern.
3. Normalschnallung für kleine, schmale Pferde im 5. Loch. das entspricht 8 freien Löchern.

Für im Temperament unterschiedliche Pferde besteht die Möglichkeit, durch Verschnallen auf den beiden Leinen einen Ausgleich herbeizuführen, wobei die Zahl der freien Löcher auf beiden Leinen vom Fahrer gesehen bei mittleren Pferden 10, bei breiten Pferden 12, bei schmalen Pferden 8 bleiben muß. Heftigere Pferde werden auf der Innenleine um ein oder zwei Löcher zurückgeschnallt, dafür das ruhigere Pferd auf der entsprechenden anderen Innenleine in der Kreuzschnalle ein oder zwei Löcher nach vorne geschnallt. Anschließend muß die in diesem Fall nach vorne geschnallte Leine bei auf der anderen Leine zwei zurückgenommenen Löchern um 8 cm verkürzt werden. Deichselstellung und Kopfstellungen müssen dann wieder gerade sein, sofern eine Sprengwaage am Wagen angebracht ist und keine Spielwaage.

Die Leinen beim Vierspänner

Die Beschaffenheit und Anwendung der Leinen beim Vierspänner sind im Prinzip genauso wie beim Zweispänner. Die entsprechenden Maße betragen:

Außenleine Stangenpferde: Von vorn bis zur Mitte Ansatzstück 2,15 m, von Mitte Ansatzstück bis zum Ende 2,35 m, also Gesamtlänge 4,50 m. Von vorn bis zum sechsten Loch 2,45 m.

Innenleine Stangenpferde: Von vorn bis Mitte Ansatzstück 1,92 m, von Mitte Ansatzstück bis Ende Kreuz-

Normalschnallungen der Zweispännerleine

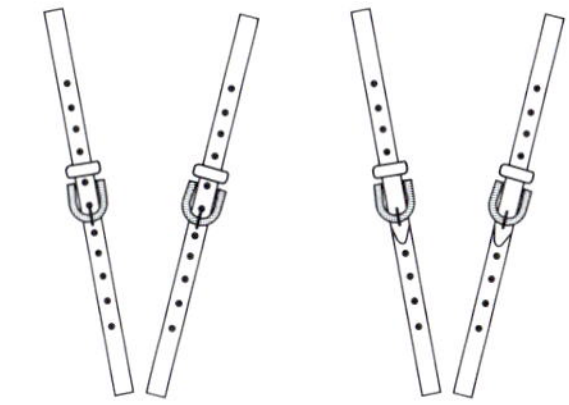

.... im 6. Loch für mittlere Pferde

Die dem Fahrer sichtbare Schnallung mit den Leinenschonern

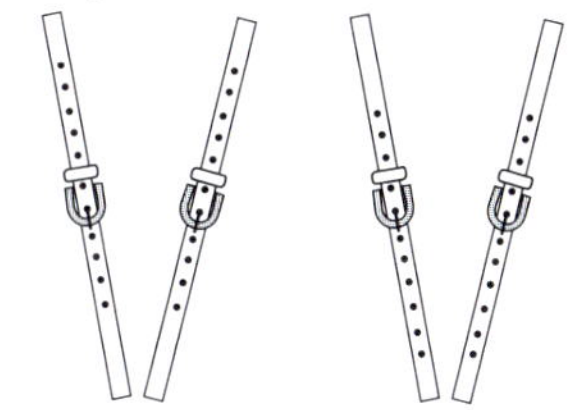

.... im 5. Loch für kleine, schmale Pferde

.... im 7. Loch für schwere, breite Pferde

Der Vorgang des Leinenverschnallens von 6/6 auf 8/4 Löchern.

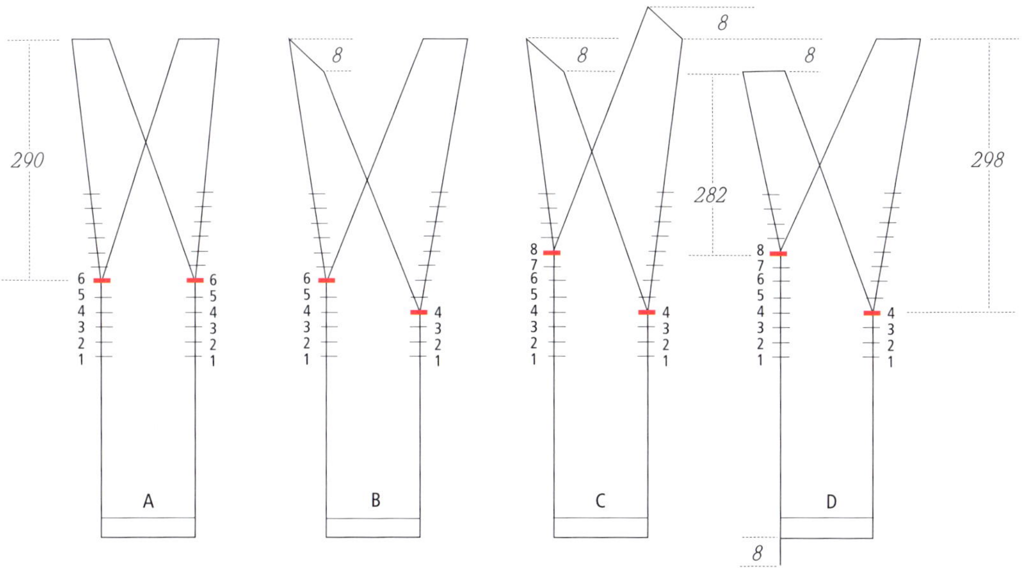

Das Kumtgeschirr des Zweispänners und seine Teile:

Fahrzaum
1. Scheuklappen
2. Blendriemen
3. Blendriemenschnalle
4. Rosette
5. Kehlriemen
6. Backenstück
7. Nasenriemen
8. Gebiß

9. Aufhalter
10. Deichselbrille

Kumt -
11. Aufhaltering
12. Langring
13. Kumtkissen
14. Kumtbügel
15. Leinenauge
16. Zugkrampe
17. Kumtgürtel
18. Strangstutze
19. Strangstutzenschnalle
20. Oberblattstößel
21. Kleiner Bauchgurt
22. Sprungriemen
23. Kammdeckel
24. Kammdeckelschlüssel
25. feststehendes Leinenauge
26. Oberblattstrupfe
27. Großer Bauchgurt
28. Fallring
29. Schweifriemen
30. Schweifmetze
31. Strang
32. Leine

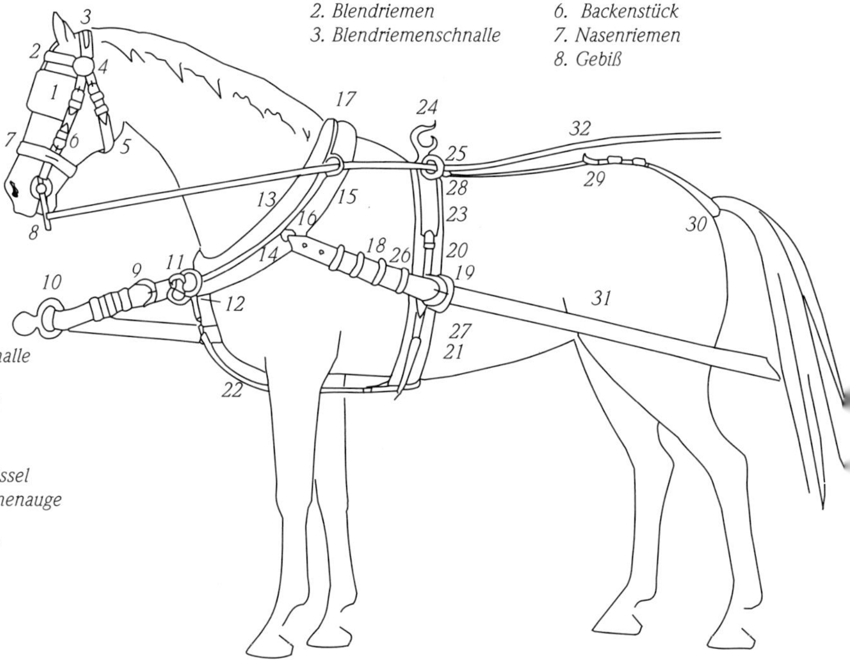

schnalle 0,65 m, also Gesamtlänge 2,57 m.

Außenleinen Vorderpferde: Von vorn bis Ende 7,50 m, in der Regel in vier Stücken. Die Entfernung von vorn bis zum sechsten Loch beträgt 2,15 m.

Innenleinen Vorderpferde: Die Gesamtlänge der Leine, in der Regel zwei Ansatzstücke, beträgt 2,27 m von vorn bis zur Kreuzschnalle.

Die Maße der Außenleinen können insgesamt um bis zu 20 cm variieren, also bei den Stangenpferden 4,30 bis 4,50 m lang sein bei den Vorderpferden 7,30 bis 7,50 m betragen.

Die Maße der Einspännerleine

Die Maße der Einspännerleine sind identisch mit der Außenleine des Zweispänners, sie hat jedoch keine Löcher, Gesamtlänge links und rechts von der eingeschnallten Einschnallstrippe bis zur Schnalle bzw. Strippe 4,30 m bis 4,50 m.

GESCHIRRKUNDE

Im Laufe der Entwicklung des Pferdes als Zugtier haben sich im wesentlichen zwei Arten von Geschirren entwickelt, die sich bis heute erhalten und als praktisch erwiesen haben.

Dies ist einerseits das um den Hals hängende birnenförmige Kumtge-

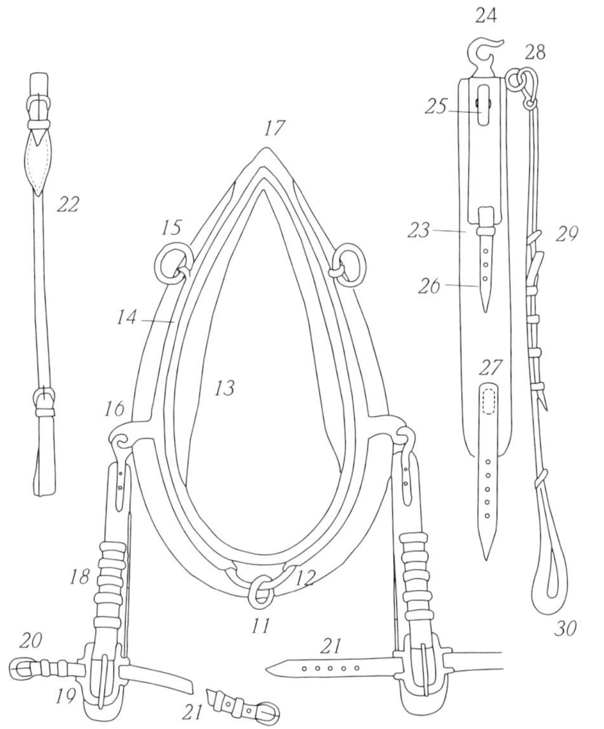

schirr, andrerseits das um den Bug des Pferdes liegende Brustblatt- oder Sielengeschirr. Beide Geschirrarten haben ihre Vor- und Nachteile: Das richtig verpaßte Kumt liegt in seiner ganzen Länge auf der Schulter des Pferdes auf, das Buggelenk ist frei, das Pferd kann ohne Behinderung ziehen und frei aus der Schulter treten. Nachteilig ist die geringe Verwendbarkeit bei unterschiedlichen Pferden, da die Größe den Pferden angepaßt werden muß und die erheblich aufwendigere Herstellung als beim Sielengeschirr.

Das Sielengeschirr engt Brust und Schulter beim Zug, besonders beim schweren Zug ein, eignet sich eher für ebenes Gelände und leichten Zug, kann dagegen durch die Verschnallbarkeit für unterschiedliche Pferde eingesetzt werden.

Das Kumtgeschirr des Zwei- und Vierspänners

Hauptbestandteil des Kumtgeschirres ist das Kumt selbst, das aus dem ledernen, mit Stroh gefüllten und mit Tierhaaren abgepolsterten Kumtleib besteht. Die Öffnung ist birnenförmig und paßt sich der Pferdeschulter optimal an. Am Kumt finden wir

- die Kumtspitze mit der Kumtkappe, die ein Eindringen von Wasser in das durch eine Naht geschlossene Innere des Kumtleibes verhindert,
- die Kumtbügel, die in der rinnenförmigen Aussparung des Kumtleibs eingelegt sind und die am unteren Ende durch den Langring verbunden sind, bei dem wiederum der Aufhalterring aufgeschoben ist,
- den Kumtgürtel, der die beiden Kumtbügel an der Spitze verbindet und beim Zweispänner so angebracht ist, daß seine Strippe zum Nachbarpferd weist, was bei Notfällen eine Öffnung des Kumtgürtels mit einem Handgriff nach außen ermöglicht,
- die Zugkrampen, die im unteren Drittel der Kumtbügel angeschweißt sind und über die Zughaken und Strangstutzen und die Zugstränge das Gewicht der angehängten Last aufnehmen,
- die beweglichen Leinenaugen, die im oberen Drittel der Kumtbügel angebracht sind.

Das Sielengeschirr des Zweispänners und seine Teile:

1. Fahrzaum
2. Aufhaltering
3. Koppelriemen
4. Halskoppel
5. Brustblatt
6. Strangstutzenschnalle
7. Kammdeckel mit Leinenauge und Fallring
8. Oberblattstrippe
9. Kleiner Bauchgurt
10. Großer Bauchgurt

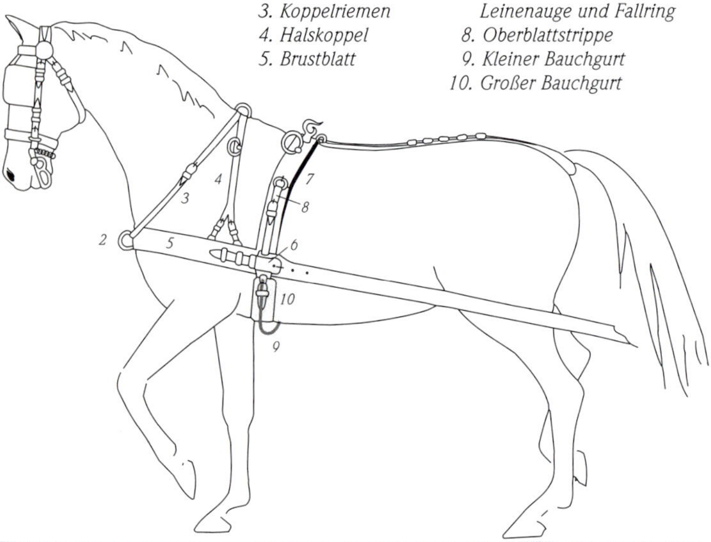

Bei manchen Geschirren, besonders bei schweren Kaltblütern, werden unter das Kumt noch Unterkissen zur besseren Auflage des Kumts verwendet.

Die Verbindung des Kumts zum Ortscheit bilden die Stränge, die folgende Einzelteile besitzen:

- die Zugkrampen am Kumt sind mit den Zugösen der Zughaken gelenkig verbunden,
- die Zughaken sind in die Strangstutzen eingenietet, diese sind ca. 55 cm lang, bestehen aus mehrlagigem starken Leder und tragen an ihrem hinteren Ende die Strangstutzenschnalle, die wiederum mit der Strupfe des kleinen Bauchgurts bzw. der Schnalle des kleinen Bauchgurts und dem Oberblattstößel mit Ösen verbunden sind,
- in die Strangstutzenschnalle eingeschnallt sind die Stränge, der Außenstrang vorne spitz zugeschnitten mit einer Länge von 2,03 m, der Innenstrang, vorne stumpf zugeschnitten mit einer Länge von 1,98 m.

Die Stränge sollen jeweils 5 Löcher haben, die so angebracht werden, daß sie bei einem Abstand von 6 cm voneinander mit dem mittleren Loch 35 cm von der Spitze entfernt sind.

Der jedem Pferd angepaßte Kammdeckel soll 10 bis 15 cm hinter dem Widerrist liegen. Er umfaßt folgende Teile:

- der Kammdeckel selbst, der aus einem mit Leder überzogenen und auf der Unterseite gepolsterten Kammdeckeleisen und den Seitenblättern besteht,
- zwei auf dem Kammdeckel eingeschraubten bzw. fest angebrachten Leinenaugen und an höchster Stelle dem, heute nicht mehr verwendeten, Aufsatzhaken sowie dem hinten angebrachten Fallring zum Einschnallen des Schweifriemens,
- dem großen Bauchgurt, der etwa zwei Handbreit hinter dem Ellbogen des Pferdes liegt und fest angezogen wird,
- dem von Strangstutzenschnalle zu Strangstutzenschnalle reichenden kleinen Bauchgurt, nicht fest angezogen, der die Stränge in ihrer Lage halten soll,
- den Fallringen der Oberblattstößel, den Oberblattstößeln selbst, die Strangstutzen und Stränge in gerader Zugrichtung von der Zugkrampe zum Ortscheit halten,
- dem Schweifriemen, der im Fallring des Kammdeckels eingeschnallt wird, in der Länge des Pferderückens durch Verschnallen anzupassen ist und mit der rundgenähten Schweifmetze eine lockere Verbindung zum Kammdeckel bilden soll,
- der Sprungriemen verbindet das Kumt mit dem kleinen Bauchgurt

unter der Brust des Pferdes hindurch. Die dem Pferd angepaßte richtige Verschnallung der Oberblattstrippe und der Stränge ist für eine optimale Zugarbeit von besonderer Bedeutung.
Beim Viererzug ergeben sich aus der Anspannung zwei Unterschiede:
Die Stränge der Vorderpferde beim Vierspänner sind jeweils um 10 cm kürzer.
Beim Vierspänner ist am Kammdeckel anstelle des Aufsatzhakens ein Mittelschlüssel zur Führung der Vorderleinen eingeschraubt.

Das Einspänner-Sielengeschirr

1. Fahrzaum
2. Sättelchen
3. Selette
4. Trageriemen
5. Trageoese
6. Bauchgurt
7. Hintergeschirr
8. Scherenriemen
9. Schere

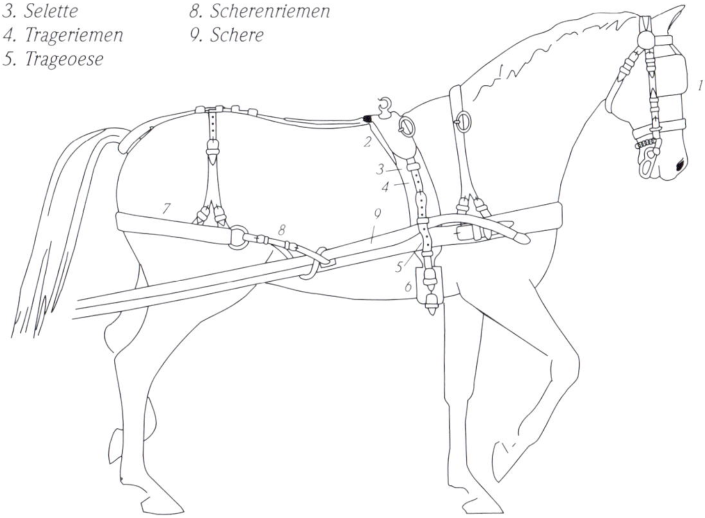

Das Kumtgeschirr des Einspänners

Das Kumt des Einspänners ist genauso geformt wie beim Zweispänner, anstelle des Langringes werden die Kumtbügel durch eine Schlußkette verbunden, an dem sich ein kleiner Ring zum Einschnallen des Sprungriemens befindet. Die Strangstutzen sind beim Einspänner kürzer als beim Zweispänner, da sonst die Strangstutzenschnalle in der Höhe des Tragriemens liegen und drücken würde.
Anstelle des Kammdeckels wird beim Einspänner eine Selette verwendet. Sie ist wesentlich stärker und breiter als der Kammdeckel des Zweispänners, um die wesentlich stärkeren Kräfte beim Fahren mit einem einachsigen Wagen aufnehmen zu können.

Für das Tragen der Schere des Wagens befindet sich an der Selette ein Tragriemen, dessen untere Verbindung der kleine Bauchgurt bildet.
Wie beim Zweispänner befinden sich auf der Oberseite der Selette ein Aufsatzhaken, zwei Leinenschlüssel oder -augen und der Fallring, in den der Schweifriemen eingeschnallt wird. Wie beim Zweispänner dient er dazu, die Selette in ihrer Lage hinter dem Widerrist zu halten. In der Regel wird mit einem Hintergeschirr gefahren, das das Aufhalten erleichtert. Es soll so verschnallt werden, daß die Oberkante des um die Hinterbacke des Pferdes verlaufenden Riemens, des Umganges, eine Handbreit unter dem Sitzbeinhöcker verläuft. Zwischen Hinterhand und Umgang soll im Zug so viel Platz sein, daß man eine Handbreit dazwischen stellen kann. Der Umgang wird mit Scherenriemen an der Schere verbunden.

Das Brustblatt- oder Sielengeschirr

Das Brustblattgeschirr muß so angelegt werden, daß einerseits der ca. 8 - 13 cm breite gepolsterte lederne Gurt nicht auf die Luftröhre drückt, andrerseits mit seiner unteren Kante

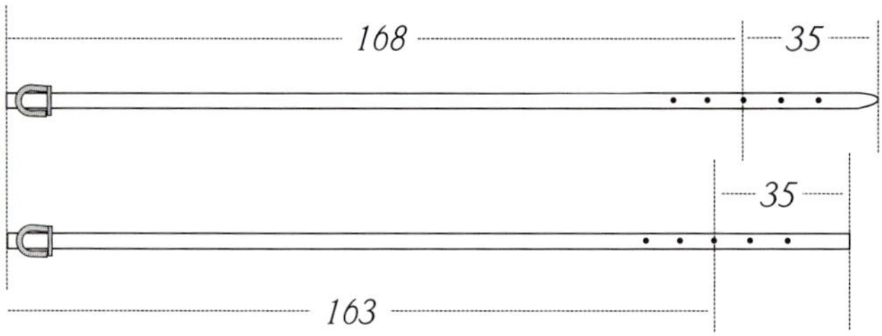

Die Stränge des Zweispänners

1 Der Außenstrang, vorne spitz zugeschnitten, Gesamtlänge 2,03 m
2 Der Innenstrang, vorne stumpf zugeschnitten, Gesamtlänge 1,98 m

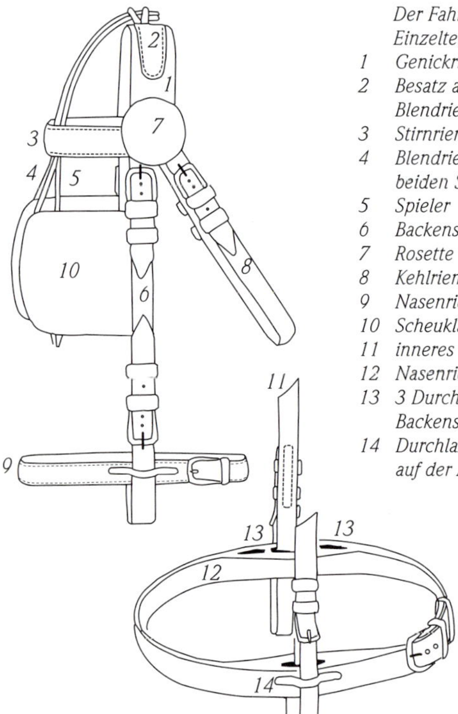

Der Fahrzaum und seine Einzelteile:

1 Genickriemen
2 Besatz als Ansatzstück für die Blendriemenschnalle
3 Stirnriemen
4 Blendriemen (geteilt zu den beiden Scheuklappen)
5 Spieler
6 Backenstück
7 Rosette
8 Kehlriemen
9 Nasenriemen
10 Scheuklappen
11 inneres Backenstück
12 Nasenriemen
13 3 Durchlässe für das Backenstück auf der Innenseite
14 Durchlaß für das Backenstück auf der Außenseite

ca. zwei Finger breit über der Buggelenksspitze liegt.

Zum Geschirr gehören:
- das Brustblatt, das in der Strangstutzenschnalle endet, mit dem Aufhalterring an nach innen versetzter Stelle,
- Koppelriemen und Halskoppel, mit denen das Brustblatt in der richtigen Höhe eingestellt wird,
- die Stränge, die beim Arbeitsgeschirr aus Tauen, beim Kutschengeschirr aus Leder bestehen,
- der Kammdeckel mit Leinenaugen und Fallring für den Ansatz des Schweifriemens,
- Oberblattstrippe, großer und kleiner Bauchgurt wie beim Kumtgeschirr.
- in vielen Fällen, besonders beim Arbeitsgeschirr, wird mit Hinterzeug entsprechend dem Einspännerkumtgeschirr gefahren, um die Aufhaltearbeit zu ermöglichen.

Das Zaumzeug

Sowohl beim Kumtgeschirr als auch beim Sielengeschirr besteht das Zaumzeug aus
- dem Kopfstück oder Genickriemen mit dem Ansatz der Blendriemenschnalle, in die Blendriemen und Spieler eingeschnallt werden,
- dem Stirnriemen, der an der Außenseite des Zaumzeugs mit einer Rosette versehen ist, beim Einspänner mit Rosetten an beiden Seiten,

- dem Backenstück, mit den angenähten Scheuklappen und den nach oben verlaufenden Blendriemen,
- dem Nasenriemen mit drei Durchlässen auf der Innenseite für das Backenstück, beim Einspänner sind beiderseits zwei Durchlässe,
- dem Kehlriemen mit der Schnalle an der äußeren Seite.

Die Verschnallmöglichkeiten vom Genickriemen zum Backenstück regeln die Höhe des Nasenriemens, die Wahl des Durchlasses am Nasenriemen die senkrechte Lage des Backenstückes. Die Durchlässe liegen immer innen, die Strupfe des Nasenriemens soll nach innen weisen, um von außen den Nasenriemen schnell öffnen zu können.

Die Scheuklappen sollen mit dem Backenstück so verschnallt werden, daß das Auge im oberen Drittel der festen Klappe liegt.

Das Gebiß soll so im Maul liegen, daß es die Maulwinkel nicht hoch zieht, soll aber auch nicht auf den Hakenzähnen liegen. Ein eventueller Sperriemen von der Vorderseite des Nasenriemens um den Unterkiefer soll das Legen der Zunge über das Mittelstück des Gebisses verhindern, darf aber nicht zu fest angezogen werden, um einen Druck auf die Nase zu vermeiden.

Beim Vierspänner tragen die Stangenpferde von hinten eingeschnallt an der äußeren Kehlriemenschnalle einen Viererzugring zum Durchlauf der Leine des Vorderpferdes.

Das Einspänner-Kumtgeschirr und seine Teile:

1 Schlußkette am Kumt
2 Strangstutzen
3 Selette
4 Fallring
5 Trageriemen
6 Tragöse
7 Schere des Wagens
8 Bauchgurt
9 Umgang des Hintergeschirrs
10 Scherenriemen

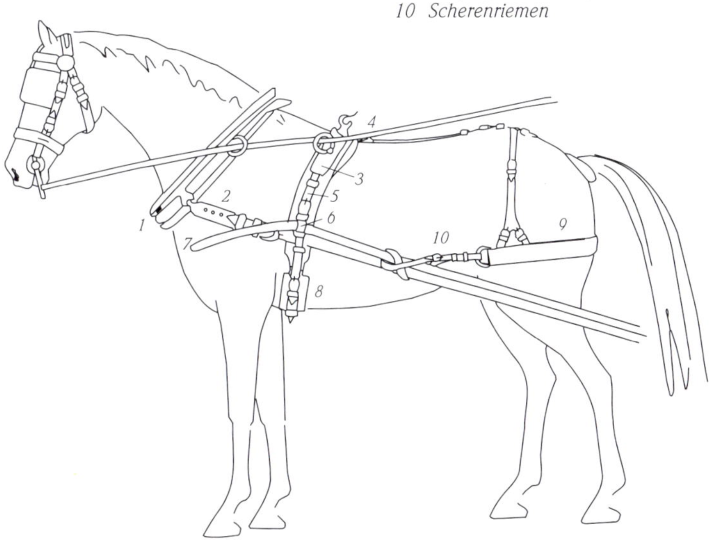

Gebisse

Die Fahrgebisse unterscheiden sich maßgeblich von den Gebissen für Reitpferde und werden im Turniersport der Geschirrart entsprechend verwendet.

Die Gebißarten sind:

- die Fahrkandaren (starres Mundstück),
- die Doppelringtrensen (gebrochenes Mundstück),
- die gemischten Gebisse (Kandaren mit gebrochenem Mundstück).

Bei den Fahrkandaren kann das Mundstück, die Gebißstange, gerade, im ganzen gebogen oder mit unterschiedlicher Zungenfreiheit versehen sein. Dementsprechend ist die Zungenfreiheit und die Wirkung auf die Zunge bzw. die Laden unterschiedlich scharf. Gerade Gebißstangen wirken nur auf die Zunge und sind scharf, leicht gebogene oder mit geringer Zungenfreiheit versehene Gebißstangen wirken auf Zunge und Laden und sind weniger scharf, mit großer Zungenfreiheit verse-

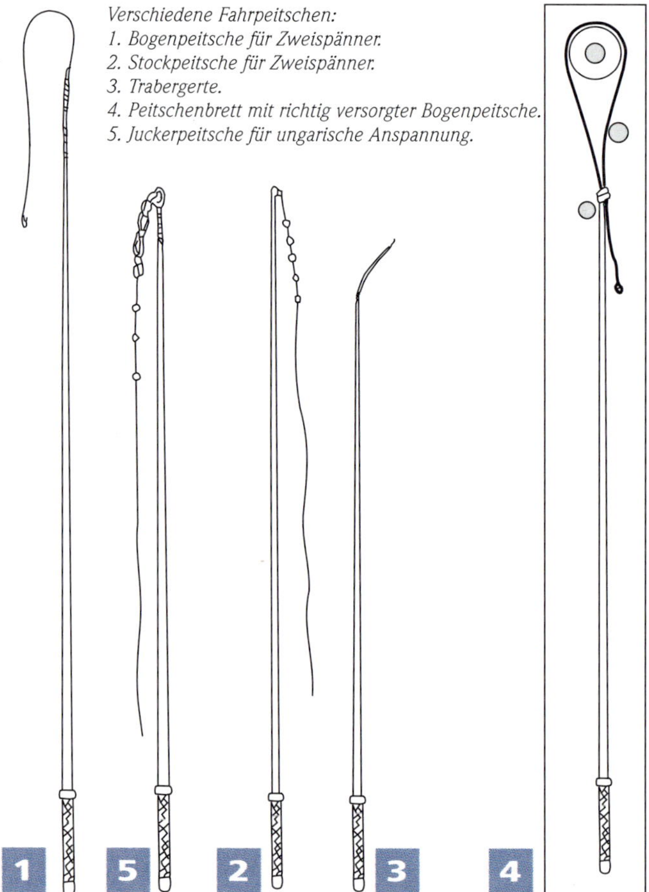

Verschiedene Fahrpeitschen:
1. Bogenpeitsche für Zweispänner.
2. Stockpeitsche für Zweispänner.
3. Trabergerte.
4. Peitschenbrett mit richtig versorgter Bogenpeitsche.
5. Juckerpeitsche für ungarische Anspannung.

hene Gebißstangen wirken nur auf die Laden und sind wiederum scharf.

Pumpgebisse sind Kandaren, die eine bewegliche Verbindung der Kandarenbäume mit den Gebißstangen haben. Bei ihnen wird die Maultätigkeit durch die Beweglichkeit angeregt, können aber auch die Lefzen verletzen.

Die Doppelringtrensen können mit unterschiedlicher Schnallung verwendet werden, die Schnallung in beide Ringe wirkt weich, bei Schnallung nur in den äußeren Ring wirkt das Gebiß schärfer.

Bei gemischten Gebissen wird durch das gebrochene Mittelstück eine gegenüber der Kandare weichere Wirkung erzielt, insbesondere, wenn die Leinen in das Schaumloch geschnallt werden.

Bei Verwendung der Kinnkette ist deren richtige Einhakung in die an den Oberbäumen befindlichen Kinnkettenhaken zu beachten. Die Kinnkette wird immer nach rechts ausgedreht und so eingehakt, daß bei anstehender Leine die Kandarenanzüge einen Winkel von 45° zum Pferdemaul bilden.

Die Peitschen

Für die unerläßlichen Peitschenhilfen wird immer mit Peitsche gefahren. Bei stilreiner Fahrweise wird beim Fahren mit Kumtgeschirr die Bogenpeitsche, beim Fahren mit Sielengeschirr die Stockpeitsche verwendet.

Bei der Bogenpeitsche sind Peitschenstil und Peitschenschlag fest miteinander verbunden und bilden oben einen Bogen. Bei der Stockpeitsche ist der Peitschenstil gerade, an dessen Ende die Peitschenschnur befestigt ist. Die Länge des Peitschenstils und der Peitschenschnur muß so bemessen sein, daß beim aufrechten Sitzen auf dem Bock ein Anlegen der Peitsche hinter dem Kammdeckel des Pferdes möglich ist.

Erlaubte Fahr-Gebisse

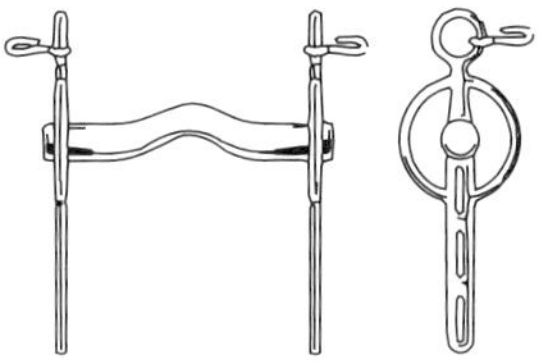

1. Liverpool-Kandare (mit festem, starrem Gebiß und Zungenfreiheit

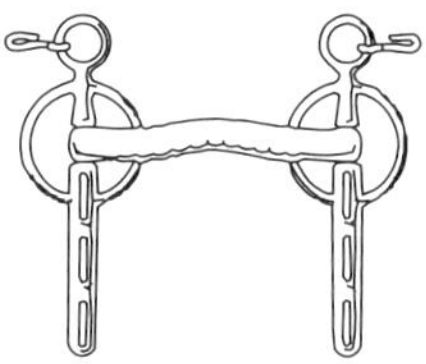

2. Liverpool-Kandare (Pumpgebiß)

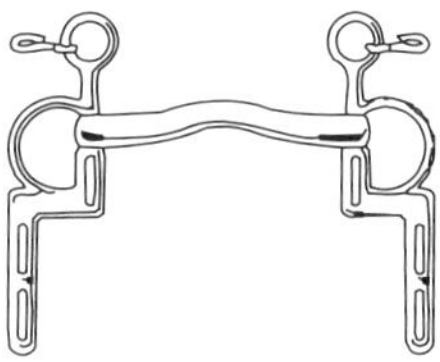

3. Ellbogen-Kandare (offen oder geschlossen, mit festem oder beweglichem Gebiß und beliebiger Zungenfreiheit)

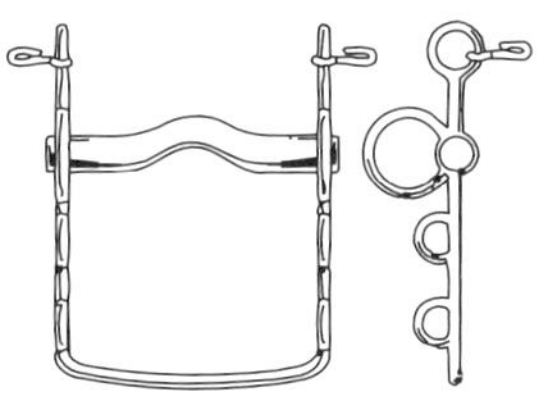

4.Tilbury-Kandare (auch mit gebrochenem Mundstück zulässig)

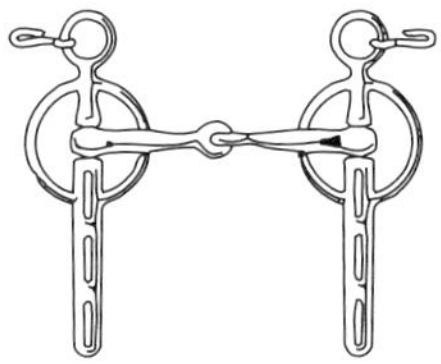

5. Liverpool-Gebiß mit Trensenmundstück und Kinnkette

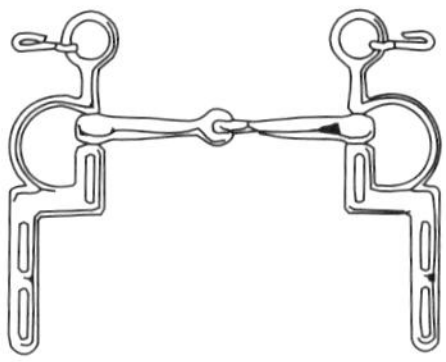

6. Ellbogen-Gebiß mit Trensenmundstück und Kinnkette

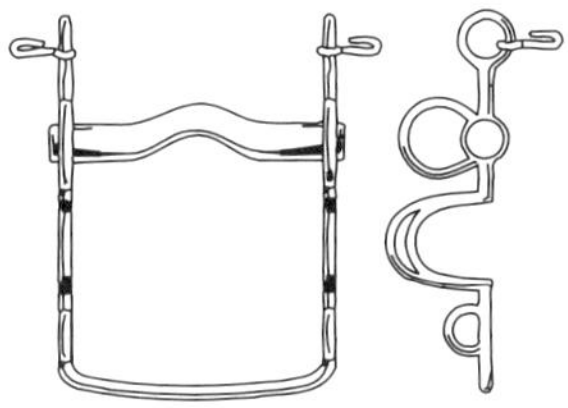

7. Buxton-Kandare (auch mit gebrochenem Mundstück zugelassen)

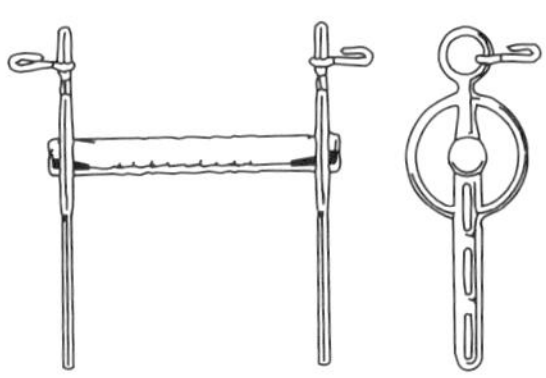

8. Liverpool-Kandare mit geripptem und geradem Mundstück

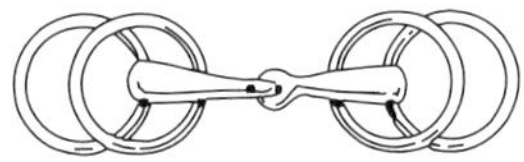

9. Doppelringtrense (auch mit gezacktem Außenring - Esterhazy - Juckertrense - oder mit ungebrochenem Gummimundstück zugelassen)

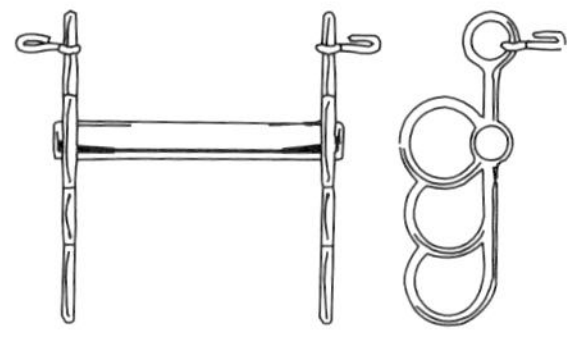

10. Post-Kandare (auch mit gebrochenem Mundstück zugelassen)

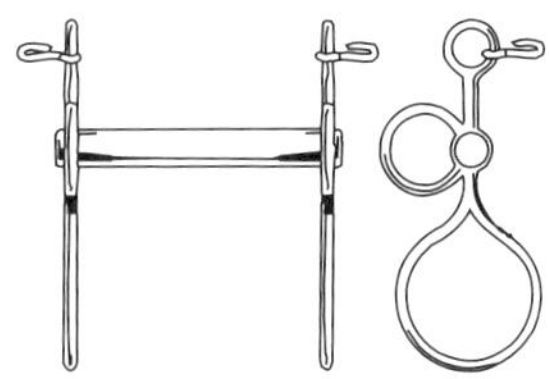

11. Post-Kandare (auch mit gebrochenem Mundstück zugelassen)

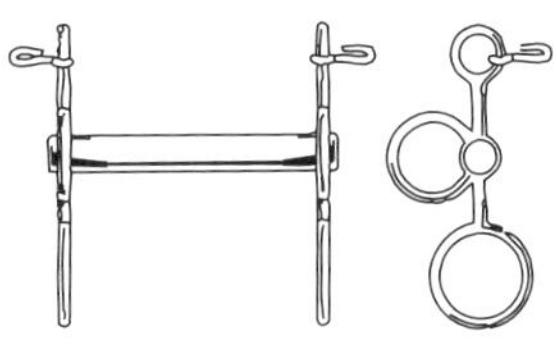

12. Post-Kandare (auch mit gebrochenem Mundstück zugelassen)

Das Fahrsystem Achenbach

- Leinenhaltungen.
- Verlängern und Verkürzen der Leinen.
- Richtungsänderungen und Wendungen.
- Aufschirren und Abschirren.
- Anspannen und Ausspannen.
- Aufnehmen der Leinen.
- Aufsitzen und Absitzen.
- Anfahren und Halten.
- Der Peitschengebrauch.

Die Leinenhaltungen

Das Fahrsystem Achenbach geht beim Zwei- und Einspänner von drei Leinenhaltungen aus:
- die Grundhaltung,
- die Gebrauchshaltung,
- die Dressur- oder Arbeitshaltung.

Grundhaltung

Die Grundhaltung ist die Grundlage auch der anderen Leinenhaltungen und wird während des Fahrens niemals aufgegeben.

Von den Pferden kommend verläuft die linke Leine über den Zeigefinger der linken Hand durch die volle Hand, die rechte Leine zwischen Mittel- und Ringfinger durch die volle Hand, das Ende der Leinen, das aus der linken Hand reicht, wird seitlich am linken Oberschenkel herunterhängen lassen. Die Leinen werden so in die Hand gelegt, daß die Haarseiten der Leinen oben liegen, die rauen Fleischseiten zeigen zur Handseite. Die Leinen werden durch Mittelfinger, Ringfinger und kleinen Finger festgehalten, Daumen und Zeigefinger sind leicht geöffnet.

Die linke Faust mit den Leinen steht senkrecht ca. eine Handbreit vor dem Oberkörper, knapp oberhalb des Nabels, der Ellbogen ist locker am Körper angelegt, Oberarm und Unterarm bilden einen stumpfen Winkel, die Hand wird leicht nach innen gewinkelt. Die rechte Hand führt die Peitsche so, daß etwa 15 - 20 cm der Peitsche nach unten aus der Hand herausragen und sie somit weitgehend im Gleichgewicht ist. Die rechte Hand steht etwa 10 cm

1

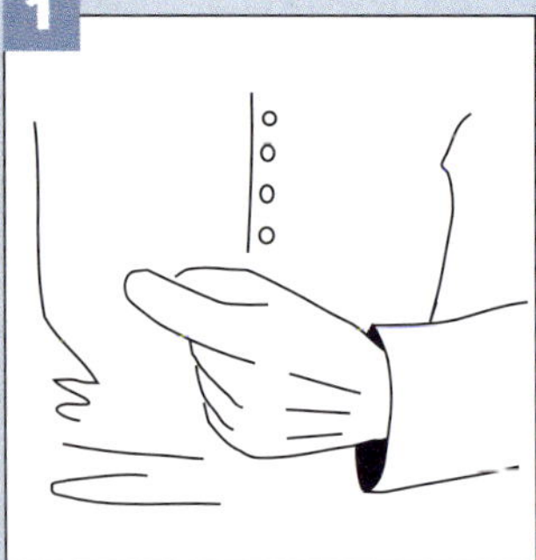

Leinenhaltungen beim Zweispännerfahren:

Die Handstellung:
1 *Die Fahrerhand von vorne gesehen.*
2 *Die Fahrerhand von der Seite gesehen.*

Die Grundhaltung:
3 *Die Fahrerhand steht vor der Körpermitte, Zeigefinger und Daumen sind leicht geöffnet.*
4 *Die Leinen in der linken Hand.*
5 *Die Peitsche wird in der rechten Hand getragen.*
6 *Die rechte Hand greift nicht in die Leinen, sie stehen gleich hoch.*
7 *Die Grundhaltung von oben gesehen.*

2

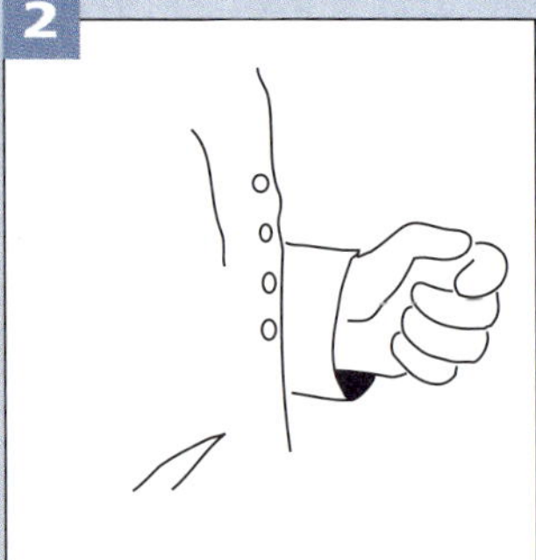

3

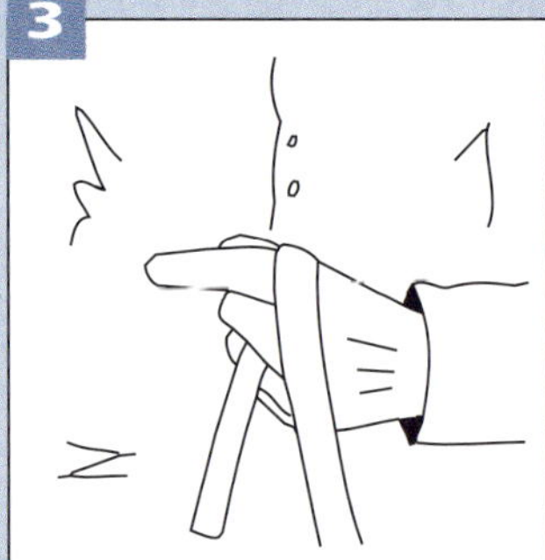

4

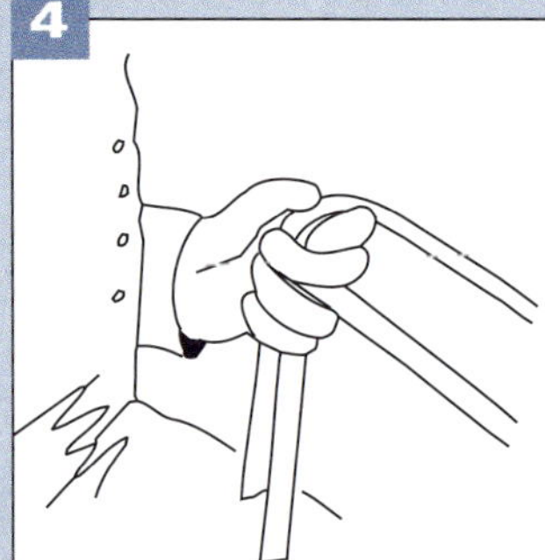

neben der linken Hand und wird so gehalten, daß die Peitschenspitze nach links vorne schräg-aufwärts zeigt. Die Peitsche wird, wie die Leinen, während des Sitzens auf dem Bock nie aus der Hand gelegt. Wird die Peitsche vorübergehend, z. B. für die Bedienung einer Bremse mit der rechten Hand oder zum Gruß, in die linke Hand gelegt, so wird diese von Daumen und Zeigefinger festgehalten.

Gebrauchshaltung

Die Gebrauchshaltung entwickelt sich aus der Grundhaltung. Die rechte Hand wird so vor die linke Hand geschoben, daß die rechte Leine von den drei unteren Fingern von oben umfaßt wird und die linke Leine zwischen Zeige- und Mittelfinger durch den Zeigefinger festumschlossen zu Liegen kommt. Die Fingerspitzen erfühlen dabei die Fleischseiten der Leinen. Die rechte Hand liegt nun unmittelbar vor der linken Hand.
Die Peitsche wird wie bei der Grundhaltung von der rechten Hand getragen, liegt zwischen Zeigefinger und Daumen und weist nach links-vorwärts-aufwärts. Dabei erhält sie zusätzlichen Halt durch den Druck der unteren drei Finger der rechten Hand, die die Peitsche gegen die Handfläche der linken Hand pressen.
Der feste Schluß der linken Hand wird auch bei der Gebrauchshaltung nicht aufgegeben. Werden bei längeren Fahrten die Finger der linken Hand zur Entspannung leicht geöffnet und bewegt, so muß die rechte Hand die Leinen besonders sicher halten. Die Grundhaltung als solche mit den Fingern zwischen den Leinen darf jedoch auch dabei nicht aufgegeben werden.
Beim Übergang von der Grundhaltung zur Gebrauchshaltung muß die rechte Leine entsprechend dem Umweg in der rechten Hand etwa um ca. 4 cm verlängert werden, beim Übergang zur Grundhaltung dieses Stück wieder zurückgeholt werden.

Dressur- oder Arbeitshaltung

Die Dressur- oder Arbeitshaltung entwickelt sich aus der Gebrauchshaltung. Die linke Hand bleibt wie bei der Grundhaltung zunächst fest stehen. Die rechte Hand entfernt sich unter Herausziehen der rechten Leine ca. 10 - 15 cm seitwärts-vorwärts von der linken Hand, die fest geschlossenen unteren Finger halten die rechte Leine fest. Die linke Hand wird etwas nach links verschoben, so daß die beiden Hände nun gleichmäßig vor der Körpermitte stehen.
Wird von der Dressurhaltung zur Gebrauchshaltung zurückgegangen, muß das herausgezogene Zwischenstück der rechten Leine wieder

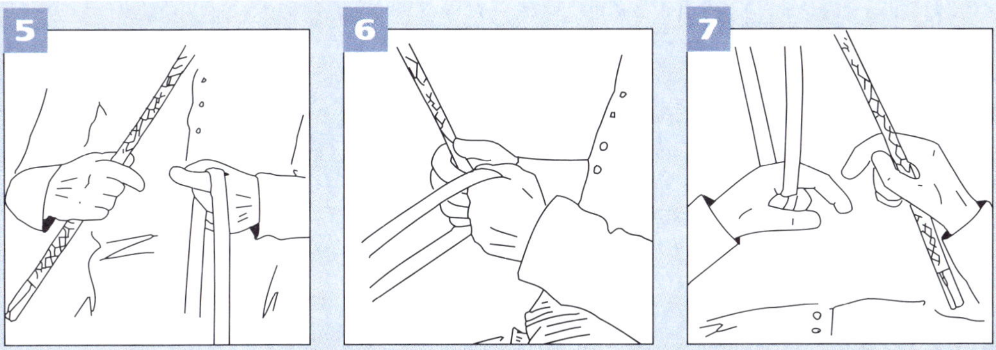

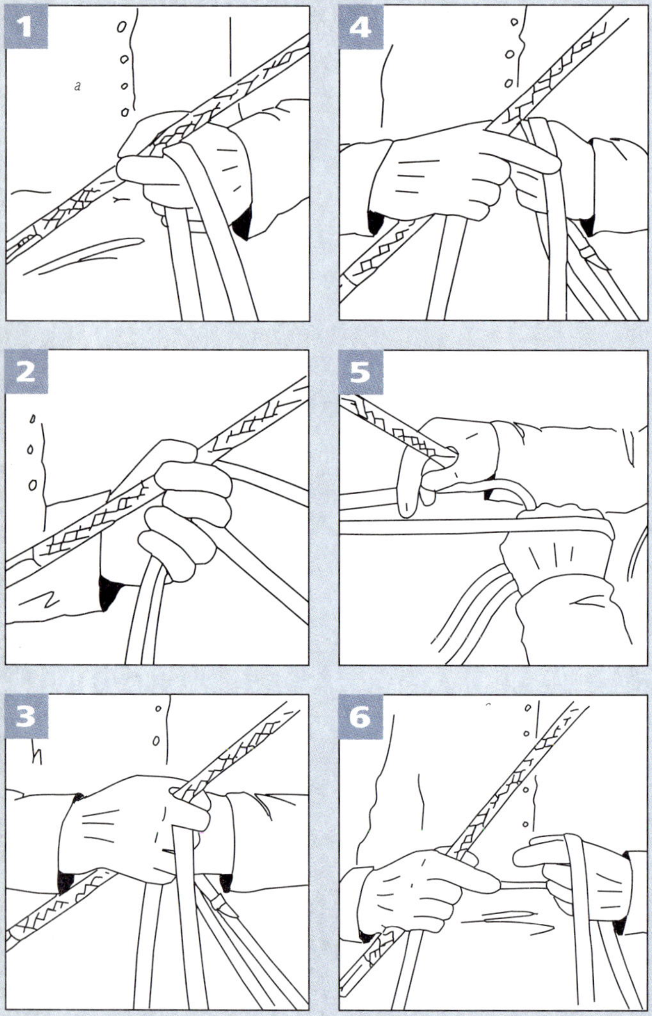

Die Grundhaltung -
Die Peitsche wird der linken Hand übergeben.
1 Die Peitschenhaltung von vorne gesehen.
2 Die Peitschenhaltung von der Seite gesehen.
3 Die Gebrauchshaltung - die rechte Hand schiebt sich zwischen die Leinen vor der linken Hand.

Die Dressur-oder Arbeitshaltung
4 Dressurhaltung von vorne gesehen mit einem kurzen Zwischenstück, Hand liegt an Hand.
5 Dressurhaltung von oben gesehen, die rechte Hand etwas weiter vom Körper als die linke Hand.
6 Dressurhaltung von vorne gesehen hier mit einem weiteren Zwischenstück, die Hände gehen auseinander.

zurückgegeben werden. Dazu öffnen sich die drei unteren Finger der linken Hand etwas, das Zwischenstück wird eingeschoben, von der linken Hand wieder fest umschlossen und die linke Hand kommt wieder vor die Leibesmitte zu stehen.

Der Zeigefinger der rechten Hand legt sich wieder über die linke Leine und die Gebrauchshaltung ist erneut eingenommen.

Die Peitsche liegt wie bei der Gebrauchshaltung in der rechten Hand links- vorwärts- aufwärts. Peitschenhilfen dürfen in der Dressurhaltung nicht aus der rechten Hand gegeben werden, dazu ist in die Grundhaltung zurückzugehen, um die Peitsche aus der freien Hand geben zu können.

Alle drei Haltungen sind am Fahrlehrgerät immer wieder zu üben. Alle Fehler in der Leinenführung werden durch die Gewichte sofort angezeigt. Die Übergänge der Leinenhaltungen müssen ohne Sicht auf die Leinen ausgeführt werden können, wozu es zweckmäßig ist, die Hände durch ein Blatt Papier o.ä. zu verdecken.

In Grundhaltung wird nur gefahren, wenn die rechte Hand für andere Tätigkeiten benötigt wird (Bremse, Zeichengeben o.ä.) und zur Kontrolle des Leinenmaßes.

In Gebrauchshaltung wird gefahren bei normaler Geradeausfahrt, vor Veränderungen des Maßes der Leinen oder bei der Einleitung von Paraden.

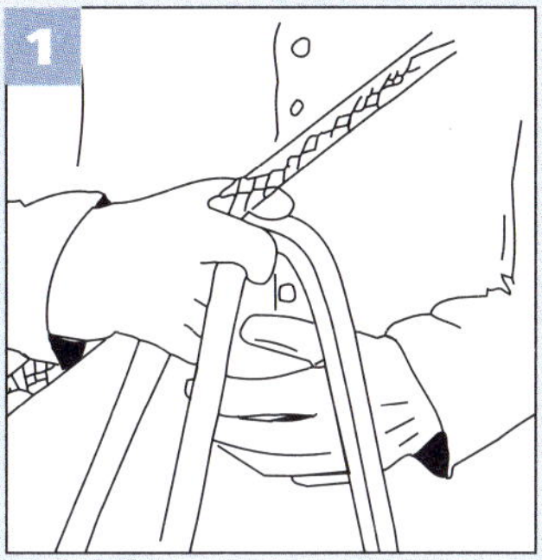

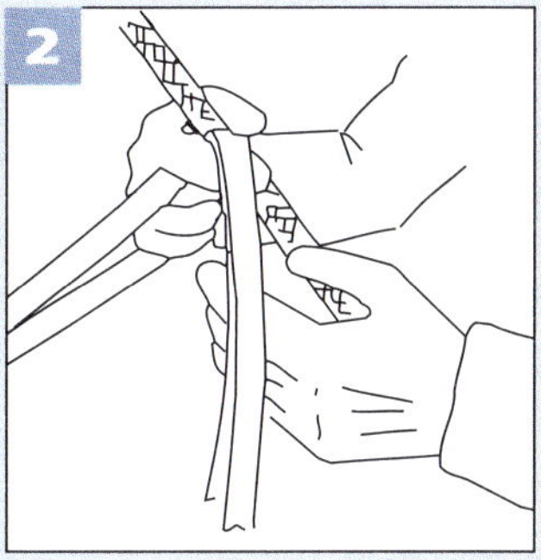

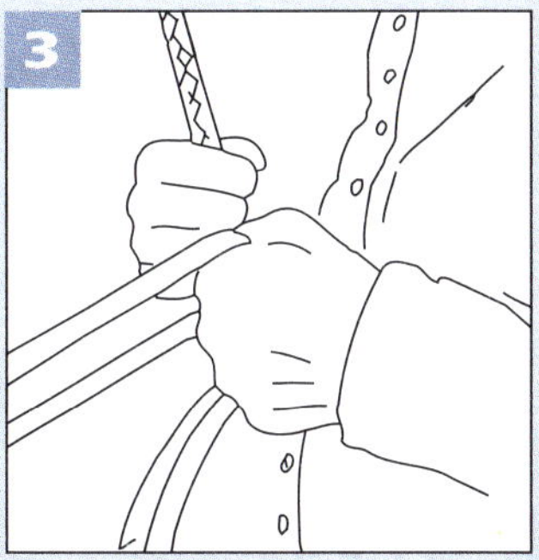

Sonderfälle der Leinenführung

1 Führung der beiden Leinen mit der rechten Hand von vorn.
2 Führung der beiden Leinen mit der rechten Hand von links.
3 Grundhaltung mit „Knick".

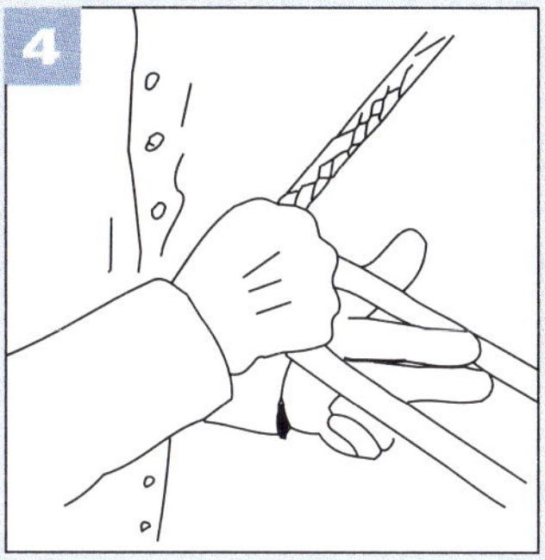

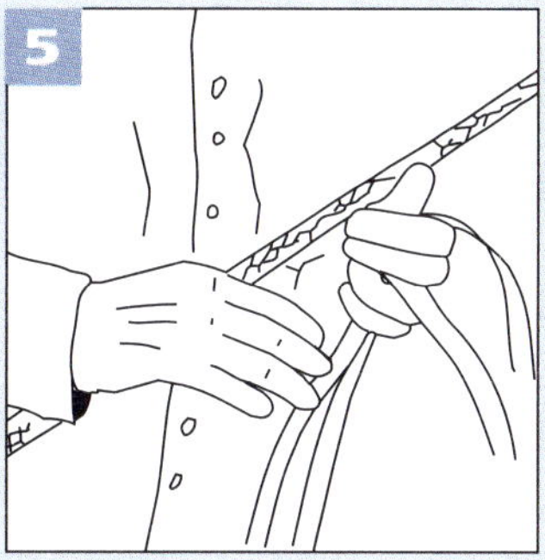

Verkürzen der Leinen um ein bestimmtes Stück.

4 Die Linke Hand setzt sich vor die die Leinen festhaltende rechte Hand.
5 Die rechte Hand geht mit den Leinen nach unten, die linke Hand hält wieder die Leinen fest.
6 Die rechte Hand geht wieder aus den Leinen.
7 Die rechte Hand setzt sich wieder vor die linke Hand zur Gebrauchshaltung.

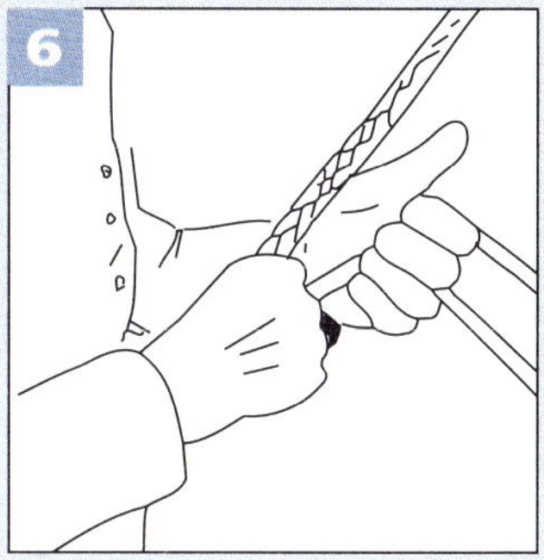

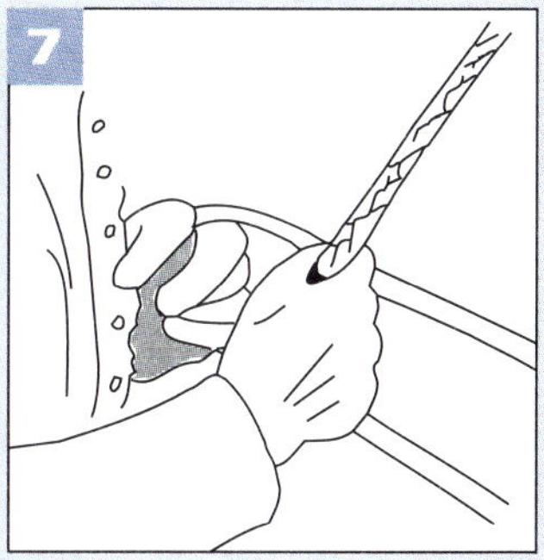

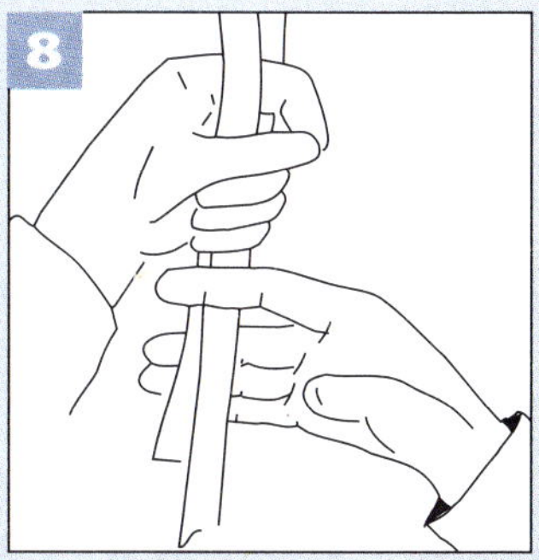

8 Das Verkürzen der Leinen um ein größeres Stück.
Die rechte Hand ergreift beide Leinen hinter der linken Hand zwischen Zeige- und Mittelfinger.

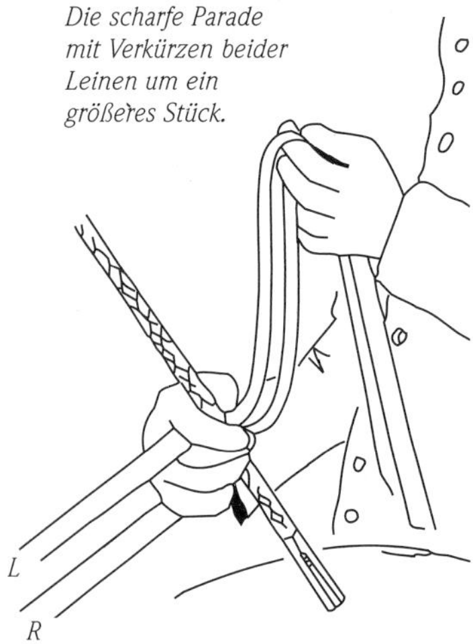

Die scharfe Parade mit Verkürzen beider Leinen um ein größeres Stück.

In Dressurhaltung wird gefahren, wenn das Gespann dressurmäßig gearbeitet wird, bei Fahrten im Gelände und beim Hindernisfahren. Auf der Straße wird die Arbeitshaltung zur besseren Kontrolle der Pferde z.B. bei Gegenverkehr oder Wendungen angewandt.

Verkürzen und Verlängern der Leinen

Die Länge der Leinen wird beim Aufsitzen abgemessen und sollte beim Fahren den Gegebenheiten jederzeit angepaßt werden. Ein Durchgleitenlassen der Leinen ist ein großer Fehler, bringt Unsicherheiten und Gefahrenmomente, die durch richtiges Abmessen des Leinenmaßes mit Verlängern und Verkürzen der Leinen begegnet werden kann.

Das Verkürzen und Verlängern der Leinen erfolgt nur in der Gebrauchshaltung. Dabei kann beim Verkürzen nach mehreren Arten vorgegangen werden:

Verkürzen der Leinen zentimeterweise:
Die rechte Hand gleitet auf beiden Leinen einige Zentimeter nach vorne und hält diese fest. Die linke Hand greift nach, die Gebrauchshaltung ist wieder hergestellt. Die Entfernung des Vorgleitens der rechten Hand darf, um ein Aufwölben oder Verdrehen der Leinen zu vermeiden, nur kurz sein und die Übung muß in einem Zuge durchgeführt werden.

Verkürzen der Leinen durch wechselseitiges Vorgreifen - um ein bestimmtes Stück:
Die linke Hand geht aus der Gebrauchshaltung bei festem Schluß der rechten Hand direkt vor die rechte Hand, nimmt dort die Leinen wieder in Grundhaltung auf, die rechte Hand geht vor die linke Hand und mit der Einstellung der linken Hand vor dem Körper sind die Leinen um das Maß verkürzt, wie die linke Hand vor der rechten Hand eingesetzt wird.

Verkürzen der Leinen um ein größeres Stück:
Hierbei ergreift die rechte Hand hinter der linken Hand die Leinen zwischen Zeige- und Mittelfinger, als ob es eine Leine wäre, die linke Hand gleitet auf den Leinen vor, nimmt nun in gewünschter Entfernung vor der rechten Hand die Leinen in Grundhaltung auf und die rechte Hand geht wieder in die Stellung der Gebrauchshaltung.

Vorübergehendes Verkürzen der Leinen:
Hierzu gleitet die rechte Hand ein Stück auf den Leinen in der Gebrauchshaltung nach vorn, die linke Hand, es wird die Grundhaltung beibehalten, weicht nach oben aus, während die rechte Hand zum Körper genommen wird. Nach der Parade geht die linke Hand wieder nach unten, die rechte Hand gleitet zurück vor die linke Hand an ihre alte Stelle der Gebrauchshaltung.

Parade bei Gefahr

Ganze Parade zum Halten in Gefahrfällen:
Der Fahrer übergibt die Peitsche der linken Hand und zieht mit der rechten Hand die Bremse fest an, bei einer Fußbremse kann der Fahrer in Gebrauchshaltung bleiben. Die rechte Hand geht nun hinter die linke Hand, ergreift die Leinen mit den drei unteren Fingern, hält sie fest und zieht sie in Richtung rechter Oberschenkel an, während die linke Hand möglichst weit nach vorne

greift. Die rechte Hand setzt sich dann wieder vor die linke Hand, dabei darf der Oberkörper durchaus nach vorne gebeugt werden, der Fahrer erfaßt die Kreuzschnallen zwischen Außen- und Innenleinen, spreizt sich mit den Beinen gegen das Spritzbrett und zieht die Leinen an.

Das Verlängern der Leinen erfolgt nach im Prinzip einer Methode in zwei Ausführungen:

Zentimeterweises Verlängern der Leinen:
Die in Grundhaltung liegenden Leinen werden von der rechten Hand, die in Gebrauchshaltung verbleibt, zentimeterweise gleichzeitig herausgezogen, wobei die Fühlung mit dem Pferdemaul nicht verloren gehen darf. Die rechte Hand gleitet dann an die nunmehr die Leinen wieder fest umschließende linke Hand heran, die Gebrauchshaltung ist wieder hergestellt.

Verlängern der Leinen um ein größeres Stück:
Hierbei werden von der rechten Hand die Leinen um ein bestimmtes längeres Stück herausgezogen, dann die linke Hand wieder in Grundhaltung geschlossen und mit der rechten Hand vor der linken Hand die Gebrauchshaltung eingenommen.

Filieren

Korrektur der Leinenlänge einzelner Leinen:

Verlängern der rechten Leine:
In der Gebrauchshaltung wird die rechte Hand vorwärts-aufwärts gedreht. Drehpunkt ist der Zeigefinger der rechten Hand. Die drei unteren Finger der rechten Hand ziehen die rechte Leine zentimeterweise aus der linken Hand heraus.

Verlängern der linken Leine:
Der Drehpunkt der rechten Hand ist jetzt der kleine Finger. Mit Daumen und Zeigefinger wird ein kleines Stück der linken Leine aus der linken Hand herausgeholt.

Verkürzen der rechten Leine:
Zunächst geht die rechte Hand mit dem Drehpunkt Zeigefinger nach vorwärts-aufwärts, faßt die rechte Leine mit den unteren drei Fingern fest und schiebt die Leine bei leicht geöffneter linker Hand zwischen Mittel- und Ringfinger ein.

Verkürzen der linken Leine:
Drehpunkt ist wie beim Verlängern der kleine Finger. Mit Daumen und Zeigefinger wird die linke Leine in die linke Hand zurückgeschoben. Auf eine ruhige Haltung der Peitsche ist dabei besonders zu achten.
Da bei diesen Griffen immer nur ein kleines Stück der Leinen verlängert oder verkürzt werden kann, muß in der Arbeit am Fahrlehrgerät der Vorgang gegebenenfalls öfters wiederholt werden.

Annehmen und Nachgeben der Leinen:

Die abgemessene Länge der Leinen zwischen der Hand des Fahrers und dem Pferdemaul ändert sich hierbei nicht. Das Nachgeben und Annehmen der Leinen wird aus der Dressur- oder Arbeitshaltung heraus ausgeführt.
Beim Nachgeben der linken Leine wird die senkrecht vor dem Körper in Grundstellung stehende Hand nach vorwärts-abwärts um den Kleinen Finger gedreht, so daß die Fingernägel zu sehen sind. Die linke Leine wird so etwas länger. Soll das Nachgeben beendet werden, kommt die Hand wieder in normale Grundstellung.
Beim Nachgeben der rechten Leine dreht sich die rechte Hand um den Zeigefinger vorwärts- aufwärts, die Finger werden sichtbar, und gibt der rechten Leine so die Möglichkeit der Verlängerung, ohne aus der festen Hand verändert zu werden. Da hierbei die Peitsche leicht durch die Drehbewegung nach unten gedrückt wird, muß durch Druck mit dem Daumen von unten auf den Peitschenstil die Vorwärts-aufwärts-Richtung beibehalten werden.
Beim Annehmen der linken Leine wird die linke Hand um den kleinen Finger nach rückwärts-aufwärts gedreht, die linke Leine läuft nun über den Handrücken, was durch eine Drehbewegung der Hand eingeleitet wird.
Beim Annehmen der rechten Leine wird die rechte Hand um den Zeigefinger nach vorwärts-abwärts gedreht, wobei durch Einschrauben der Hand zum Körper ein Kippen der Peitsche nach unten verhindert werden soll.

Wie alle Leinenhaltungen und Leinengriffe sind auch das Verlängern und Verkürzen sowie das Nachgeben und Annehmen der Leinen am Fahrlehrgerät intensiv zu üben, damit in der Praxis die Griffe ohne Blick auf die Hände sozusagen blind ausgeführt werden können.

Wenden

Wendungen und Richtungsänderungen

Bei allen Wendungen und Richtungsänderungen gilt der Achenbach-Grundsatz 4:
Alle Wendungen werden durch das Nachgeben mit der äußeren Leine eingeleitet. Den Wendungen geht immer ein Verkürzen des Tempos voraus.
Rechtswendungen werden im Straßenverkehr in der Regel im Schritt ausgeführt, Linkswendungen können im allgemeinen im Trabe gefahren werden.
Darüber hinaus ist darauf zu achten, daß die Pferde stets in die Wendung gestellt sind und nicht mit nach außen gestellten Köpfen durch die Wendung gehen.
Durch den Sitz des Fahrers auf der rechten Seite des Bocks sind der Deichselkreis, dessen Mittelpunkt der Deichselschuh links vom Fahrer ist, und der Leinenkreis, dessen Mittelpunkt die Fahrerhand ist, nicht identisch. Im Prinzip müssen bei Linkswendungen die Leinen verlängert, bei Rechtswendungen verkürzt werden, mit Ausnahme beim Fahren eines Einspänners vor einachsigem Wagen, wo der Fahrer in

Verlängerung der Deichsel in der Mitte des Wagens sitzt und Deichsel- und Leinenkreis identisch sind.

Die Linkswendung

Etwa 15 m vor der Wendung gibt der Fahrer bzw. Beifahrer bei der Fahrt auf der Straße das Verkehrszeichen nach links und sieht sich dabei um. Das Tempo wird etwas verkürzt. Dann geht er in die Dressurhaltung über. Wenn die Pferde mit dem Kammdeckel die Mitte der anderen Straße erreicht haben, leitet der Fahrer die Wendung mit dem Nachgeben der äußeren Leine ein. Die linke Hand nimmt die linke Leine dadurch an, daß die linke Hand nach rückwärts-aufwärts um den Zeigefinger gedreht wird, so daß die Leine über den Handrücken läuft. Dadurch erhalten die Pferde die für die Linkswendung erforderliche Stellung nach innen. Das äußere Pferd soll den Wagen an der festen Sprengwaage in die Wendung ziehen. Gegebenenfalls muß die rechte Leine noch etwas mehr, evtl. durch Herausziehen, verlängert werden. Wird die Wendung zu eng, werden die beiden Hände kurzzeitig aufgestellt. Dadurch wird das linke Pferd wieder mehr in den Zug gebracht, die Deichsel nach rechts gedrückt und der Kreisbogen vergrößert. Eine geringfügige Veränderung des gefahrenen Radius kann durch ein Seitwärtsgehen der Hände erreicht

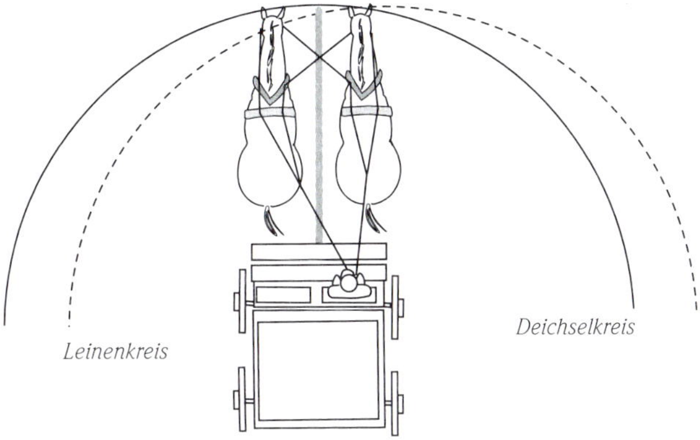

Deichsel- und Leinenkreis sind bei der Links- und Rechtswendung verschieden.

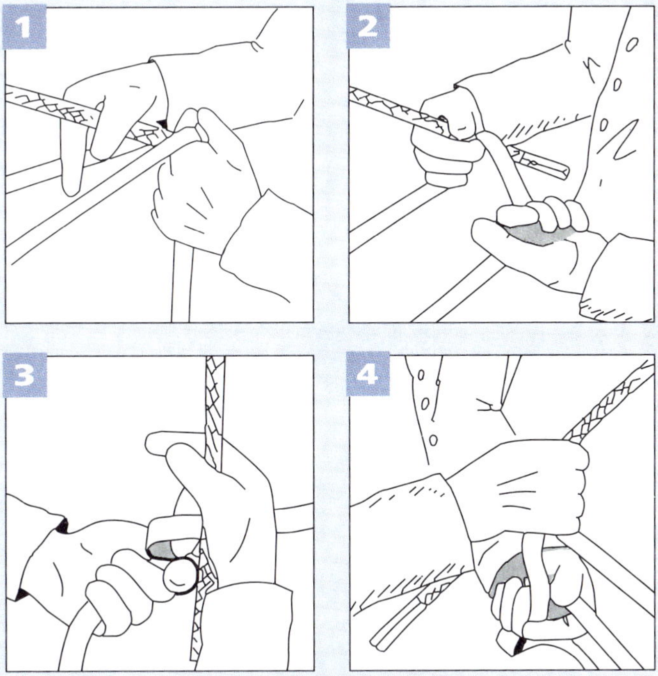

1 Die Leinenführung mit beiden Händen bei der Linkswendung.

2-4 Die Leinenführung mit beiden Händen bei der Rechtswendung.

2 Nachgeben mit der linken Hand schräg von vorne.
3 Nachgeben mit der linken Hand von oben gesehen.
4 Die rechte Hand schraubt sich ein und verkürzt die rechte Leine.

1

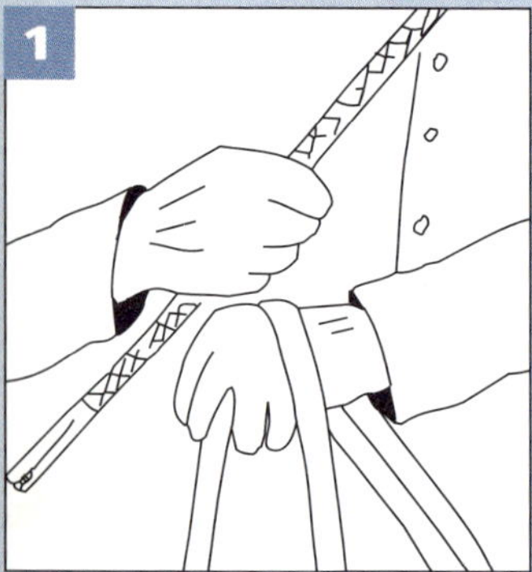

2

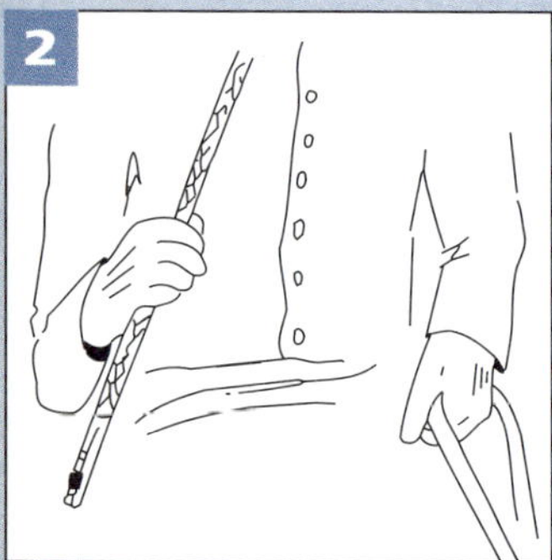

1 Die Linkswendung mit der Grundhaltung.
2 Die Rechtswendung mit der Grundhaltung.

werden. Ist die Wendung soweit durchfahren, daß die Köpfe der Pferde in die neue Richtung sehen, gehen die Hände allmählich in die Ausgangsstellung der Dressurhaltung zurück. Die Peitsche verbleibt während der ganzen Wendung in der rechten Hand, wobei beim Nachgeben darauf zu achten ist, daß die vorgeschriebene Richtung vorwärts-aufwärts eingehalten wird.

Die schnelle Folge der verschiedenen Griffe setzt auch hier eine gute Übung am Fahrlehrgerät voraus, ehe auf der Straße selbst gefahren wird.

Die Rechtswendung

Rechtzeitig vor der Wendung nach rechts muß im Straßenverkehr in der Regel zum Schritt durchpariert werden, daß die Pferde noch vor der Wendung wieder in die Kumt treten und die Hälse lang machen können. Dabei muß der Wagen durch die Bremse aufgehalten werden, was bei einer Handbremse die Übergabe der Peitsche in die linke Hand bedingt. Das Zeichen zum Rechtsabbiegen wird mit der rechten Hand gegeben, die Leine um ein bestimmtes Stück verkürzt und danach in Dressurhaltung gegangen. Die rechte Hand geht mit der rechten Leine ca. 10 - 15 cm vor und hält die Leine mit den drei unteren Fingern fest. Nun wird, wenn der Kammdeckel der Pferde die Bordsteinkante erreicht, mit der linken Hand nachgegeben durch ein Vorwärtsgehen und gleichzeitiges Drehen der Hand nach vorwärts-abwärts. Bei engen Wendungen wird es notwendig, die rechte Hand um den Peitschenstil zu drehen, so daß der kleine Finger zur linken Schulter zeigt. Wird die Wendung zu eng, so stellt der Fahrer die Hände für einen Augenblick wieder auf, um ein Stück geradeaus zu fahren und den Kreisbogen zu vergrößern. Die Stellung der Köpfe wird hier durch das Eindrehen der rechten Hand besorgt. Nachdem die Pferde mit den Köpfen und Hälsen die neue Richtung erreicht haben, wird allmählich in die Ausgangsstellung der Hände zurückgegangen. Mit der Verlängerung der Leinen um das vorher verkürzte Stück ist die Wendung abgeschlossen.

Auf dem Dressurviereck und bei weiteren Kurven auf der Straße kann durchaus im verkürzten Trab gefahren werden. Eine Verkürzung der Leinen ist dabei meist nicht notwendig.

Die Linksumkehrtwendung

Hierbei wird vor Einleitung der Wendung weich zum Schritt durchpariert, der Beifahrer gibt, sofern auf der Straße gewendet wird, das Verkehrszeichen nach links, der Fahrer vergewissert sich über die Verkehrslage und pariert nahezu zum Halten durch. Die rechte Hand verlängert nun die rechte Leine auf zwei Stücke um bis zu 20 cm, die linke Hand dreht sich nach rückwärts-aufwärts, so daß die linke Leine über den linken Handrücken läuft. Verstärkt kann dieser Griff werden durch ein Bewegen der linken Hand in Richtung der rechten Hüfte. Die rechte Hand kann nun ganz aus den Leinen gehen und gegebenenfalls Peitschenhilfe geben. Kommt die Wendung ins Stocken, so geben beide Hände etwas nach. Ist die Wendung zu dreiviertel beendet, stellt der Fahrer die linke Hand wieder auf, nimmt aus der linken Hand die rechte Leine, behält noch Fühlung mit dem Pferdemaul und hinterlegt die rechte Leine zwischen Mittel- und Ringfinger der linken Hand in der alten Länge, sobald die Wendung zu Ende gefahren ist. Es wird nunmehr zur korrekten Dressurhaltung zurückgegangen, aus der wieder die Gebrauchshaltung eingenommen werden kann. Ein Längenausgleich einer oder beider Leinen in Grundhaltung kann nach dieser Wendung notwendig werden.

Leinenhaltung.

Die Rechtsumkehrtwendung

Eine Rechtsumkehrtwendung soll nur auf dem Turnierplatz oder auf freiem Platz gefahren werden, nicht im Straßenverkehr.
Zur Einleitung der Wendung wird zum Schritt durchpariert, beide Leinen um ein bestimmtes Stück verkürzt, dann die rechte Leine um ein größeres Stück verkürzt und hinter der linken Hand wieder eingesetzt, dann mit der rechten Hand auf der rechten Leine ca. 10 bis 15 cm vorgegangen und festgehalten . Nun wird mit der linken Hand durch Drehbewegung vorwärts-abwärts nachgegeben und im Bedarfsfall die rechte Leine so wie bei der einfachen Rechtswendung durch Drehen der Hand um den Peitschenstock verkürzt. Ist die Wendung weitgehend durchfahren, gehen die Hände allmählich wieder in ihre Ausgangsstellungen zurück, der Fahrer verlängert zuerst die rechte Leine, dann beide Leinen um das vor Einleitung der Wendung verkürzte Stück und kann in beliebiger Leinenhaltung geradeaus weiter fahren.

Richtungsänderungen in Grundhaltung

(mit einer Hand)

Auch in Grundhaltung kann man Richtungsveränderungen vornehmen, was bei gleichzeitigem Bremsen oder Peitschengebrauch notwendig werden kann. Eine deutliche Verbindung zum Pferdemaul ist Grundlage dieser Übungen.

Bei der Richtungsänderung nach links geht die linke Hand unter der rechten Hand hindurch zur rechten Hüfte, wobei die Hand nach rückwärts-aufwärts gedreht wird, so daß die linke Leine über den linken Handrücken läuft. Sobald die Richtungsänderung erreicht ist, geht die Hand wieder in die Grundstellung vor den Körper.

Bei der Richtungsänderung nach rechts, geht der Fahrer mit der linken Hand nach links-seitlich neben den Oberschenkel, wobei die Hand sich nach vorwärts-abwärts neigt und mit Daumen und Zeigefinger auf die rechte Leine gedrückt wird.

Das Auflegen des Kumts

Sobald die Richtungsänderung erreicht ist, geht auch hier die Hand wieder in ihre Ausgangsstellung zurück.

Das Rückwärtsrichten

Auch das Rückwärtsrichten gehört in die Gruppe der Richtungsänderungen und kann in allen drei Leinenhaltungen ausgeführt werden. Beim Halten ist darauf zu achten, daß das Gespann mit Deichsel und Rädern gerade steht und die Pferde geschlossen auf allen vier Beinen stehen. Zuerst sind beide Leinen zu verkürzen, dann wird mit einer annehmenden Leinenhilfe veranlaßt, Tritt für Tritt langsam, jedoch flüssig, zurückzutreten. Sofort mit der Rückwärtsbewegung muß durch einfühlsames Nachgeben der Leinenhilfe das klare diagonale Rückwärtstreten unterstützt werden. Das Annehmen und Nachgeben ist gegebenenfalls mehrfach zu wiederholen, bis die gewünschte Trittzahl des Rückwärtsrichtens erreicht ist. Beendet wird die Rückwärtsbewegung durch ein Nachgeben der Leinen und ein Verlängern um das vorher verkürzte Stück der Leinen. Zu beachten ist, ob aus dem Rückwärtsrichten sofort angefahren werden soll oder ein nochmaliges Halten sich anschließt.

Aufschirren und Abschirren, Anspannen und Ausspannen

Ehe die Pferde angespannt werden können, müssen sie aufgeschirrt werden. Dieser Vorgang erfolgt im Stall in der Boxe oder auf der Stallgasse.
Vor dem Auflegen der Geschirrteile werden diese mit dem Staublappen abgewischt und das Pferd ebenfalls von letztem Staub oder Strohpartikeln im Bereich der aufzulegenden Geschirrteile gereinigt.

Aufschirren

Alle Geschirrteile werden vorher geordnet für das Auflegen in der Reihenfolge...
1. Auflegen des Kumts oder des

Auflegen des Kumts

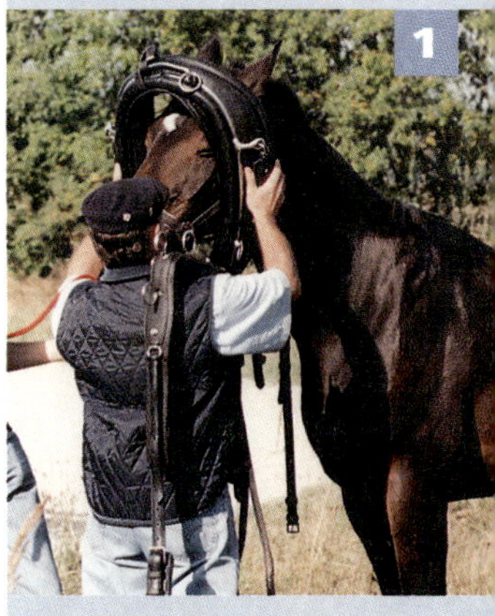

Auflegen des Fahrzaumes

Brustblattes mit den Strangstutzen.

2. Auflegen des Kammdeckels bzw. Seletts beim Einspänner.
3. Verbinden des Kammdeckels mit den Strangstutzen durch Einschnallen des Oberblattstrupfenstößels.
4. Überstreifen der Schweifmetze über die Schweifrübe.
5. Befestigen des großen Bauchgurtes einschließlich des Sprungriemens mit genauer Fixierung des Kammdeckels ca. 15 cm hinter dem Widerrist.
6. Zuschnallen des kleinen Bauchgurtes.
   - Ausrollen der Stränge und unter dem Schweifriemen über den Rücken legen.
7. Auflegen des Fahrzaums (Kopfstück).
8. Befestigung des Kopfstücks: Kehlriemen, Nasenriemen, Kinnkette, sofern die Geschirrteile einzeln und getrennt aufgelegt werden.

Das Auflegen des Fahrzaums.

Bei ruhigen und Geschirr gewohnten Pferden werden Kumt und Kammdeckel einschließlich Schweifriemen und Stränge auf einmal aufgelegt, da sie beim Ausschirren nicht getrennt wurden.

Man nimmt das Kumt mit der Kumtspitze nach unten in beide Hände, nachdem man je nach Mähnenlage beim Pferd den Kammdeckel mit dem Schweifriemen auf den rechten oder linken Unterarm gelegt hat. Der Sprungriemen wird mit einer Hand am Kumt festgehalten, damit er beim Auflegen des Kumts nicht stört. Das Kumt wird vorsichtig über den Kopf gestreift, besondere Vorsicht bei den Augenbögen, an der schmälsten Stelle des Halses in Mähnenrichtung gedreht und gleichzeitig der Kammdeckel mit dem Schweifriemen und den Strängen über den Pferderücken gegeben. Nun wird das Kumt zur richtigen Lage an die Schulter gebracht. Bei besonders breiten Köpfen kann es notwendig werden, die Kumtbügel zu öffnen. Anschließend wird die Schweifmetze vorsichtig über die Schweifrübe gezogen. Dies erfolgt durch leichtes Anheben der Schweifrübe und Durchziehen der Schweifhaare durch die Schweifmetze und Anlegen dicht an den Schweif-

Die Lage des Kopfstücks.

Die Lage der Scheuklappen.

ansatz. Dabei muß der Fahrer aus Sicherheitsgründen seitlich neben dem Pferd stehen. Der Kammdeckel wird ca. 15 cm hinter dem Widerrist in die richtige Lage gebracht und der große Bauchgurt, mit dem Sprungriemen verbunden, leicht angezogen. Als letztes muß der kleine Bauchgurt zugeschnallt werden, wobei eine Handbreit zwischen großem und kleinem Bauchgurt Platz sein muß. Nun kann man die Stränge ausrollen und über den Pferderücken legen.

Als nächstes wird der Fahrzaum aufgelegt. Im Prinzip erfolgt dies wie beim Reitpferd. Der links neben dem Pferd stehende Fahrer nimmt mit der rechten Hand den Fahrzaum am Genickstück, hebt es unter dem Hals durchgreifend bis auf Stirnhöhe an und erfaßt mit der linken Hand das Gebiß. Unter gleichzeitigem Heben des Fahrzaums wird das Gebiß ins Maul geschoben, nötigenfalls muß mit dem linken Daumen durch einen Druck gegen die Laden das Pferd zum Öffnen des Maules angehalten werden. Ist das Gebiß angenommen worden, so kann der Fahrzaum zunächst über das rechte Ohr und dann helfend mit der rechten Hand über das linke Ohr gebracht werden. Der Schopf des Pferdes bleibt glatt gestrichen unter dem Stirnband und dem Spieler. Jetzt wird der Kehlriemen zugeschnallt, die Kinnkette ausgedreht und eingehakt und der Nasenriemen geschlossen. Beim Zweispänner bzw. Vierspänner sind die Schnallen der Sattel- und der Handpferde jeweils auf der Außenseite des Gespanns anzubringen, beim Einspänner liegen sie links. Für den Kehlriemen gilt wie beim Reitpferd ein Abstand von einer Handbreit zwischen Kehlgang und Kehlriemen, für den Nasenriemen soll der Abstand ca. ein bis zwei Finger zur Nase betragen. Die Kinnkette wird so eingehakt, daß bei leichtem Anzug der Winkel von 45 ° gebildet wird.

Für das Auflegen des Sielengeschirrs gilt dasselbe Verfahren wie beim Kumtgeschirr. Hier wird das Brustblatt mit dem Aufhaltering nach oben mit beiden Händen an den Stellen gefaßt, wo der Halsriemen angeschnallt ist und streift es vorsichtig über den Kopf. Das Brustblatt wird nun in Mähnenrichtung gedreht und der Kammdeckel mit Schweifriemen auf den

Der richtig verschnallte Strang außen.

Kennzeichnung der Stränge für außen und innen.

Rücken gelegt. Danach wird wie oben beschrieben vorgegangen.
Nach dem Auflegen des Geschirrs werden die Leinen eingezogen. Um Verwechslungen zu vermeiden, wird die Leine mit der Schnalle am Ende immer dem linken Pferd, die mit der Strippe dem rechten Pferd aufgelegt. Zunächst wird die Außenleine, wie alle anderen Leinen mit der Haarseite nach oben, durch die Leinenführungsringe gezogen und die Einschnallstrippen am Gebiß je nach gewünschter Schärfe eingeschnallt. Danach wird die Innenleine durch den inneren Leinenschlüssel und das innere Leinenauge am Kumt gezogen und am Kehlriemen eingeschlauft. Beim Handpferd verfährt man ebenso.
Beim Sielengeschirr wird die Außenleine wie beim Kumtgeschirr eingeführt, die Innenleine nur durch den inneren Leinenschlüssel, jedoch nicht durch einen eventuell vorhandenen Leinenführungsring auf dem Halsriemen, da sonst die Leine ständig den Halsriemen vom Pferdehals wegziehen würde.

Eine Einspännerleine wird bei Kumt- und Brustblattgeschirr durch beide Leinenschlüssel und beide Leinenaugen am Kumt bzw. am Halsriemen geführt und beidseitig in das Gebiß eingeschnallt.
Danach wird beim Zweispänner das freie Leinenende einmal zusammengelegt und durch den äußeren Leinenschlüssel gezogen. Durch die Schlaufe, die dann nach oben herausschaut wird das untere Leinenende noch einmal gezogen und festgezurrt. So ist es möglich, mit einem Handgriff die Leine am Handstück wieder frei zu erhalten.
Abschließend wird der korrekte Sitz aller Geschirrteile noch einmal überprüft.

Die richtige Lage

Brustblatt - Lage etwa zwei Finger breit über dem Buggelenk, der Aufhaltering in Richtung der Deichsel.
Halsriemen - Lage kurz vor dem Widerrist auf dem Hals, Höhenkorrektur des Brustblattes nötigenfalls vornehmen.
Kumt - richtige Lage an der Schulter mit einer Handbreit Platz zwischen Kumt und Luftröhre, Strupfe des Kumtgürtels beim Zweispänner nach innen.
Kammdeckel - Lage ca. 10 - 15 cm

hinter dem Widerrist, darf in der Mitte des Kammdeckels den Rücken des Pferdes nicht berühren.

Großer Bauchgurt - Lage ca. eine Handbreit hinter dem Ellbogenhöcker, Schnallen beim Zweispänner immer außen.

Kleiner Bauchgurt - Lage der Schnallen auch außen, eine Handbreit Luft zum großen Bauchgurt.

Schweifriemen - Schnallung in der Länge, daß er leicht federt.

Strangstutzen - Verschnallung der Stränge im selben Loch.

Stränge - der Außenstrang vorne spitz, der Innenstrang gerade geschnitten.

Bei der Überprüfung des Geschirrs wird der große Bauchgurt fest gezogen.

Abschirren

Das Abschirren des Pferdes erfolgt in umgekehrter Reihenfolge des Aufschirrens wiederum auf der Stallgasse oder in der Boxe:

1. Lösen der inneren Leine aus dem Kehlriemen und Herausnehmen der Leinen auf der jeweiligen Seite des Pferdes entsprechend der Anspannung.
2. Abnehmen des Fahrzaums mit Öffnen der Kinnkette, dann Öffnen der Schnallen von Nasenriemen und Kehlriemen.
3. Aufrollen der Stränge.
4. Lösen der beiden Bauchgurte.
5. Zurückziehen des Kammdeckels, um die Schweifmetze von der Schweifrübe zu ziehen.
6. Kammdeckel mit Schweifriemen und Strängen über den linken Unterarm nehmen.
7. Kumt anheben bis zur dünnsten Stelle des Halses, umdrehen in Richtung der Mähnenlage und über den Kopf heben, ohne an Ohren und Genick des Pferdes anzustoßen.
8. Ablegen des Geschirrs auf einem Geschirrbock direkt vor der Box.
9. Auflegen des Stallhalfters, soweit dies nicht sofort nach der Abnahme des Kopfstücks erfolgte.
10. Versorgung des Pferdes, besonders Pflege der Geschirrauflagestellen, der Beine und der Hufe.
11. Versorgung des Geschirrs, besonders des Gebisses und der Stellen, die am Körper anlagen.

Beim Sielengeschirr erfolgt das Abschirren sinngemäß in derselben Reihenfolge wie beim Kumtgeschirr.

Anspannen

Zum Anspannen ist das vollständige Aufschirren der Pferde Voraussetzung. Beim Zweispänner wird das eine Pferd vom Fahrer, das andere vom Beifahrer an den Wagen herangeführt, der einspannbereit mit angezogener Bremse und eingesteckter Deichsel auf einem möglichst ebenen Platz steht, von dem in gerader Richtung später angefahren werden kann.

Die Pferde werden von hinten links bzw. rechts an die Deichsel herangeführt, wo der Beifahrer beide Pferde an den Kopfstücken festhält, während der Fahrer sie einspannt.

1. Lösung der Innenleinen aus den Kehlriemen und Befestigung an den Gebissen. Haarseite der Leinen liegen oben, die Leine des Pferdes, das den Kopf höher trägt wird über der anderen Leine geführt.
2. Verbinden der beiden Leinenenden durch Wurf des rechten Leinenendes über die Pferde, Verbinden und Versorgen der Leinen hinter dem Oberblattstößel, daß das Handstück nach hinten zeigt.
3. Einziehen der beiden Aufhalterriemen bzw. -ketten durch die Aufhalterringe.

4. Befestigung des Außenstranges, dann des Innenstranges des rechten, dann in derselben Reihenfolge des linken Pferdes an den Ortscheiten oder Docken.
5. Verpassen bzw. Nachziehen der Aufhalterriemen oder -ketten, daß eine federnde Anlehnung bei anstehenden Strängen zwischen Deichselbrille und Aufhalterring besteht.
6. Überprüfung des gesamten Gespannes, besonders Sitz der Geschirre, des Kammdeckels und des großen Bauchgurts.
Der Beifahrer bleibt während des Einspannvorganges vor den Pferden stehen, jedoch aus Sicherheitsgründen nicht direkt vor der Deichsel.

Beim Einspänner ist im Prinzip genauso zu verfahren, das Pferd wird an den Wagen herangeführt, bei dem die Schere hochgeklappt ist.

Während der Helfer das Pferd am Fahrzaum hält wird vom Fahrer die Schere vorsichtig heruntergeklappt, wobei besonders darauf zu achten ist, daß bei ungewohnten oder ängstlichen Pferden die Schere nicht auf der Kruppe aufschlägt. Danach wird sie mit Trageriemen und Scherenriemen verbunden und danach die Stränge am Ortscheit festgemacht.

Reinhard Burggraf bereit zum Anfahren mit den vollständig angespannten Pferden.

Ausspannen

Auch beim Ausspannen muß die Sicherheit im Vordergrund der Arbeit stehen. Zunächst steht der Beifahrer wieder vor dem Gespann, der Fahrer hat die Leinen nach dem Absteigen unter der Oberblattstrupfe versorgt und beginnt das Ausspannen in der umgekehrten Reihenfolge des Einspannens:

1. Lösen der Stränge beim rechten Pferd, erst innen, dann außen, Legen der Stränge unter den Schweifriemen, danach in derselben Folge beim linken Pferd, evtl. zuerst verlängern der Aufhalter, um die Stränge leichter lösen zu können.
2. Aufhalter lösen und über die Deichsel legen.
3. Leinen auseinander schnallen, linke Leine im Leinenführungsring befestigen, die rechte Leine nach rechts herüberholen und ebenfalls befestigen.
4. Innenleinen jeweils innen vom Gebiß schnallen und am Kehlriemen des betreffenden Pferdes befestigen durch Einstecken in die Schlaufe.
5. Wegführen beider Pferde gleichzeitig nach schräg vorne und Verbringen in den Stall.

Beim Einspänner tritt ebenfalls der Beifahrer oder ein Helfer vor das Pferd, zuerst wird der Schlagriemen von der Gabel gelöst, dann die Stränge vom Ortscheit und unter den Schweifriemen gesteckt. Nun wird die Tragöse geöffnet und die Gabel vorsichtig zu Boden gelegt oder hochgeklappt. Die Leine wird im Leinenführungsring links befestigt und das Pferd nach vorne aus der am Boden liegenden Gabel geführt.

Aufnehmen der Leinen und Auf- und Absteigen

Wenn das Anspannen richtig durchgeführt wurde, so befinden sich die Leinen unter der Oberblattstrippe des linken Pferdes eingesteckt. Das Aufnehmen der Leinen dient zum genauen Abmessen der Leinen und zur Ordnung der Leinen in der Hand des Fahrers.

Die Leinenaufnahme beim Zweispänner erfolgt folgendermaßen:

1. Der Fahrer überzeugt sich zuerst von der ordnungsgemäßen Anspannung einschließlich der für die Fahrsicherheit notwendige Ausstattung des Wagens.
2. Er stellt sich sodann, einen Schritt entfernt in Höhe des Kammdeckels des linken Pferdes mit Blickrichtung auf die Pferde auf.
3. Er nimmt beide Leinen aus der Oberblattstrupfe und legt sie geordnet über den linken Unterarm.
4. Die rechte Hand ergreift die rechte Leine kurz hinter der Kreuzschnalle zwischen Zeige- und Mittelfinger und nimmt Fühlung mit dem Pferdemaul des rechten Pferdes auf, was der Beifahrer bestätigt.
5. Unter Beibehaltung der Anlehnung gleitet die rechte Hand auf der Leine nach vorne bzw. unten, bis die Hand senkrecht nach unten ausgestreckt ist und hält diesen Punkt fest - die linke Hand übergibt die linke Leine der rechten Hand auf den Zeigefinger, schiebt die Schnalle der linken Leine bis 5 cm über das Normalloch der rechten Leine vor, beide Leinen werden so festgehalten. Beim Sitz in der Mitte des Bocks, oder beim Einspänner, ist die Verlängerung über die Schnalle hinaus nicht notwendig.
6. Die rechte Hand übergibt nun die Leinen in Grundhaltung der linken Hand.
7. Vor dem Besteigen des Bocks verlängert oder verkürzt der Fahrer die Leinen entsprechend der Entfernung des Kutschbocks, legt dann mit der linken Leine eine Schlaufe, um ein Seitwärtstreten der Pferde bei der verlängerten linken Leine zu vermeiden.

Leinen aufnehmen.

8. Der Fahrer tritt mit Blick auf die Pferde an den Wagen heran, besteigt ihn über Aufsteigetritt oder Radnabe und läßt dabei die Schlaufe der linken Leine durchgleiten, erfaßt die Peitsche und setzt sich hin. Die Leinenenden werden über den linken Oberschenkel nach unten abgelegt.
9. Sollten die Pferde nicht in der abgemessenen Leinenlänge an die Leinen gestellt werden können, so werden sie entsprechend verkürzt oder verlängert.

Das Absteigen erfolgt in umgekehrter Reihenfolge des Aufsteigens:
1. Der Beifahrer tritt an die Pferde und hält sie gegebenenfalls fest.
2. Der Fahrer geht in Grundhaltung, legt die Peitsche ab.
3. Aufstehen des Fahrers mit Überlegen der Leinenenden über den linken Unterarm.
4. Rückwärts absteigen vom Wagen nach der linken Seite, immer die Pferde im Auge behaltend.
5. Neben das linke Pferd treten und die Leinen hinter der Oberblattstrupfe so versorgen, daß sie mit einem Zug wieder herausgenommen werden können.

Anfahren und Halten

Hat der Fahrer seinen Platz sicher eingenommen und sich vergewissert, daß er gefahrlos sich in den Verkehr eingliedern kann bzw. ohne Schwierigkeiten anfahren kann, geht er in Grundhaltung, übergibt die Peitsche der linken Hand, löst geräuschlos die Bremse und nimmt die Leinen kurz an, um dann sofort wieder nachzugeben. Gut gefahrene Pferde werden keine zusätzliche Stimmhilfe benötigen, die sonst mit „Komm" gegeben wird. Auch eine Hilfe wie zu einer leichten Rechtswendung kann bei jungen Pferden das Antreten erleichtern.
Entsprechend der Intensität der Leinenannahme und dem Nachgeben sollen die Pferde entweder im Schritt oder im Trab anfahren. Eine leichte Peitschenhilfe kann die Leinenhilfe auch unterstützen.

Beim Halten werden zuerst die Leinen um ein größeres Stück verkürzt. Danach geht man in die Grundhaltung über, übergibt die

Aufsteigen.

Peitschenhaltung.

Peitsche der linken Hand und bremst den Wagen an. Gleichzeitig werden die Leinen angenommen, so daß die Pferde anhalten. Dabei sollen die Pferde den Wagen nicht aufhalten müssen, sondern der Einsatz der Bremse. Nachdem die Pferde zum Halt durchpariert sind, wird nachgegeben und es werden die Leinen wieder verlängert. Wird auf der Straße gefahren, muß der Fahrer sich vor dem Anhalten vom Verkehrsfluß überzeugen, daß das Anhalten nicht behindert wird und ein Achtungszeichen durch Erheben des rechten Armes geben.

In Fällen der Gefahr kann es notwendig werden, den Griff Ganze Parade zum Anhalten einzusetzen, der nur in diesem Falle angewendet werden soll.

Der Peitschengebrauch

Neben den Leinenhilfen und der Stimmhilfe stehen an dritter Stelle der Hilfen, die ein Fahrer geben kann, die Peitschenhilfen. Die Peitsche darf deshalb während des Fahrens nie aus der Hand gelegt werden.

Der Einsatz der Peitsche wird immer aus dem vollen rechten Arm gegeben, die rechte Hand geht dazu aus den Leinen, während die linke Hand die Leinen in Grundhaltung hält. Ein Peitscheneinsatz in Gebrauchhaltung oder der Arbeits- oder Dressurhaltung ist stilwidrig und zu unterlassen. Dazu kommt, daß in unkorrekter Ausführung leicht die Möglichkeit besteht, die Pferde im Maul zu stören oder nicht bis an den Kammdeckel oder die Schulter zu reichen, wo die Peitschenhilfe angelegt werden soll.

Es gibt drei Arten der Peitschenhilfe:

- die treibende Peitschenhilfe,
- die verwahrende oder versammelnde Peitschenhilfe,
- die strafende Peitschenhilfe.

Die treibende Peitschenhilfe dient zum Antreiben eines Pferdes. Besonders wird sie eingesetzt, wenn ein Pferd auf eine nachgebende Leinenhilfe nicht reagiert oder nicht an das Gebiß herantritt. Sie wird durch Anlegen, nicht schlagen, dicht hinter dem Kammdeckel des zurückbleibenden Pferdes gegeben. Verbunden ist diese Hilfe mit einem leichten Nachgeben der linken Hand in Richtung des entsprechenden Pferdemaules. Die Hilfe ist auch ohne Schwirren oder Sausen, ohne Knallen zu geben.

Die versammelnde Peitschenhilfe wird mit einem Gegenhalten der Hand gegeben. Die Leinen können dazu eventuell vorher verkürzt werden. Der Peitschenschlag wird hierzu dicht am Kammdeckel vom fast waagrecht gehaltenen Peitschenstock an das Pferd angelegt. Auch hier wird der Peitschenschlag für kurze Zeit am Körper liegengelassen. Sie kann auch eingesetzt werden vor der Einleitung des Rückwärtsrichtens.

Die strafende Peitschenhilfe darf nur eingesetzt werden bei Widersetzlichkeiten eines Pferdes. Dabei muß stärker gegengehalten werden, damit das Pferd bei dieser Hilfe nicht vorwärtsstürmt. Sie wird mit gestrecktem Arm kurz aber kräftig gegen die Schulter oder den Oberarm des Pferdes in die Nähe des Strangstutzens gegeben. Keinesfalls darf eine strafende Hilfe angelegt werden, wenn Pferde vor bestimmten Gegenständen schrekken. Hier ist Beruhigung und nötigenfalls Vorbeiführen durch den Beifahrer sinnvoller.

Peitschenhilfen dürfen nicht laufend, sondern müssen gezielt gegeben werden. Zu häufig gegebener Peitscheneinsatz macht die Pferde stumpf gegen diese Hilfe oder nervöser und unruhiger.

Bei längerer Fahrt kann der Fahrer das Ende des Peitschenstils durchaus auf dem Oberschenkel aufsetzen, um die Hand zu entlasten, jedoch, wie bemerkt, niemals aus der Hand legen. Zum Gebrauch, insbesondere beim Sattelpferd, stößt er die Peitsche auf dem Oberschenkel so auf, daß er den Peitschengriff am Ende der Peitsche in die Hand bekommt. Nach dem Gebrauch wird sie wieder im Schwerpunkt, ca. 15 - 20 cm vom Peitschenende, nach links-schräg- vorwärts gehalten.

Übungsplatz und Wagen

Ehe der Fahrer im Ausbildungsstadium in den Straßenverkehr eingegliedert werden kann, soll die praktische Ausbildung auf einem die höchste Sicherheit bietenden Platz, in den Ausmaßen von 60 x 120 m oder größer durchgeführt werden. Auf diesem Platz soll die Möglichkeit geboten sein, Straßenverhältnisse, wie Straßeneinmündungen oder parkende Fahrzeuge, zu imitieren.

Der Platz

Der Fahrübungsplatz

Für die Vorbereitung auf und das spätere Fahren von Dressurprüfungen gibt es zwei Größen des Dressurvierecks:
40 x 80 m für Einspänner und Zweispänner, in der Halle sind 20 x 40 m zugelassen.
40 x 100 m für Zweispänner und Vierspänner, in der Halle sind 30 x 60 m zugelassen.
Die Bahnpunkte sind entsprechend der Skizze aus dem Aufgabenheft der LPO der Deutschen Reiterlichen Vereinigung (FN) und der FEI einheitlich festgelegt und anzubringen. Eine Begrenzung des Dressurplatzes wird bei kleineren Prüfungen nicht immer vorhanden sein, bei größeren Prüfungen sind immer ca. 20 - 40 cm hohe Gatter üblich.
Die Richter der Prüfungen sitzen beim getrennten Richten beim Viereck 40 x 80 m und beim Viereck 40 x 100 bei drei Richtern an den Punkten B, C und E, beim Viereck 40 x 100 m, sofern fünf Richter im Einsatz sind, an den Punkten P, R, C, S und V, beim gemeinsames Richten stets bei C.
Für das Hindernisfahren reicht ein Platz in den Ausmaßen des Fahrübungsplatzes aus, auf dem die genormten Kegel mit Bällen und gegebenenfalls Stangen zur Bildung von Mehrfachhindernissen zum Einsatz kommen.

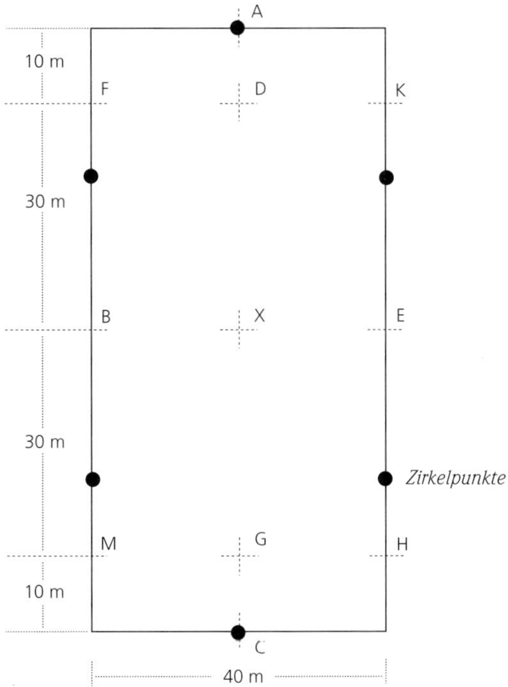

Dressurviereck 40 x 80 m

Bei Pferdeleistungsprüfungen ist ein in den Maßen ausreichender Vorbereitungsplatz notwendig. Er soll nach Möglichkeit bei Dressurprüfungen für Fahrpferde ein Viereck in der Prüfung verwendeten Größe beinhalten und daneben noch die Möglichkeit zur freien Vorbereitung bieten. Für Hindernisfahren müssen mindestens zwei Kegelpaare auf dem Vorbereitungsplatz aufgestellt werden.

Die Wagen

Fahrzeuge für das Freizeitfahren unterliegen keinen Beschränkungen hinsichtlich der Ausführung, aber die Frage der Sicherheit, der Lenkbarkeit, der Stabilität und des Rollvermögens stellt sich auch bei diesen Fahrzeugen.
Für den Einsatz im Turniersport gelten für die Kategorie C nur geringe, jedoch für die Kategorien B und A genauere Bestimmungen. Hierüber gibt die LPO ausführlich

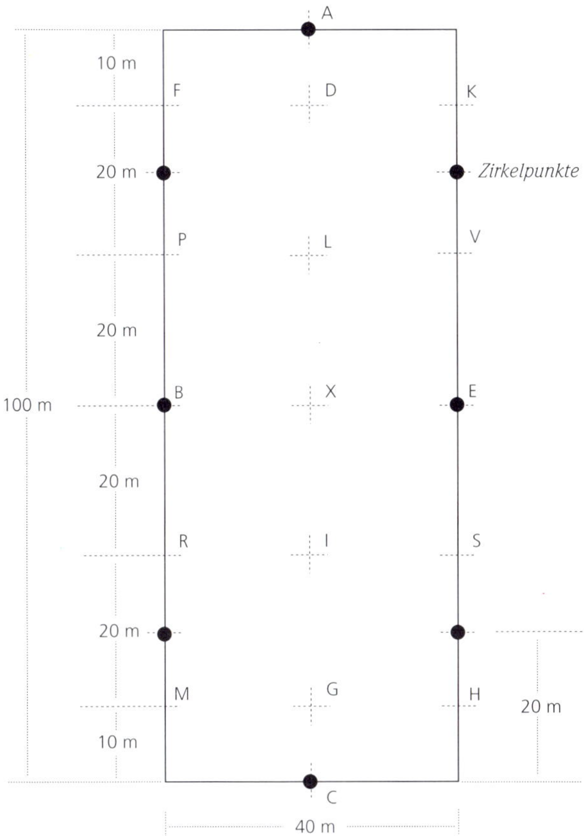

Dressurviereck 40 x 100 m

Bescheid. Die heute im wesentlichen eingesetzten Wagen gehören folgenden Typen an oder sind auf sie zurückzuführen:

Phaeton

Ein Fahrzeug mit einem Bocksitz für zwei Personen und einem Rücksitz für einen oder zwei Beifahrer mit Blickrichtung nach vorne; entsprechend der besonderen Bauweise werden Stanhope -, Spider -, Mail -, Demimail- oder Damenphaeton unterschieden.

Dos-a-dos

Ein Fahrzeug, mit dem ursprünglich Hunde zur Jagd gefahren wurden. Sie haben neben dem Bocksitz für zwei Personen einen Beifahrersitz für ein oder zwei Personen mit Blickrichtung nach hinten. Die nach unten abklappbare hintere Rückwand des Wagenkastens dient dabei als Fußstütze für die Beifahrer.

Wagonette

Ein Fahrzeug, bei dem sich der Bocksitz etwas hinter der Vorderachse des Wagens befindet und die Beifahrer parallel zur Fahrtrichtung des Wagens sitzen, der Einstieg der Beifahrer sich auf der Rückseite des Wagens befindet.

Jagdwagen

Auch Juckerwagen, original ungarisch Esterhazy-Wagen, sind extrem leicht, niedrig, Fahrersitze und Beifahrersitze sind gleichhoch und original aus Naturholz, zum Teil mit Korbgeflecht, gebaut. Dabei gibt es auch hier Spielarten, wie den Linzer-Wagen, entsprechend der Formen und Baumaterialien.

Break

Ein hohes, schweres Fahrzeug mit dem Bocksitz direkt über der Vorderachse. Sie werden in erster Linie für das Vier- und Mehrspännigfahren verwendet.

Carts und Gigs

Fahrzeuge mit nur einer Achse und zwei Rädern, Carts mit vier Sitzplätzen, Gigs mit zwei Sitzplätzen.

oben: Ungarischer Jagdwagen / unten: Wagonette

oben: Phaeton / unten: Marathonwagen

Landauer, Victoria

Sie u. ä. eignen sich mehr für Festzüge, Hochzeitskutschen oder gemütliche Spazierfahrten als für das sportliche Fahren.

Eine eigene Gruppe bilden die Geländefahrzeuge, die für die Teilprüfung Gelände- und Streckenfahren entwickelt wurden. Sie sind auf Sicherheit und Widerstandsfähigkeit im Gelände gebaut, haben hinter dem Bocksitz für Fahrer und Bockrichter einen tief gelegten Einstieg mit Trittbrett und seitwärtigen Einzelsitzen. Abweiser auf der Höhe des Bocksitzes, keine abstehenden Naben, Drehkranzbremsen und spezielle Deichselfederungen sollen die Geländetauglichkeit erhöhen.

Bei der Auswahl eines Wagens für ein Gespann soll zunächst Größe und Typ der anzuspannenden Pferde berücksichtigt werden, dann die Zweckmäßigkeit, die Leichtgängigkeit und die Lenkbarkeit.

Hohe Räder erfüllen diese Anforderung besser als kleine Räder, auch wird der Überblick über das Gespann besser. Bei Viererzugwagen ist die Höhe des Bocks besonders zu beachten, um die Leinen frei in die Leinenringe bzw. Leinenführungsringe laufen zu lassen. Eine gute Bedienbarkeit und Funktion der Bremse muß gewährleistet sein. Neben einer Fußbremse muß eine Feststellbremse vorhanden sein, die in normaler Haltung bedient werden kann. Bei den Handbremsen wird zwischen Spindelbremsen, Hebel-Druckbremsen, Hebel-Zugbremsen unterschieden. Als Bremsvorrichtung werden bei modernen Wagen Trommel- oder Scheibenbremsen eingebaut, bei historischen Wagen sind es meist

Übersicht der Anspannungsarten: *1 Einspänner, 2 Tandem, 3 Random, 4 Zweispänner, 5 Einhorn, 6 Troika, 7 Viererzug, 8 Juckerzug, 9 Sechsspänner.*

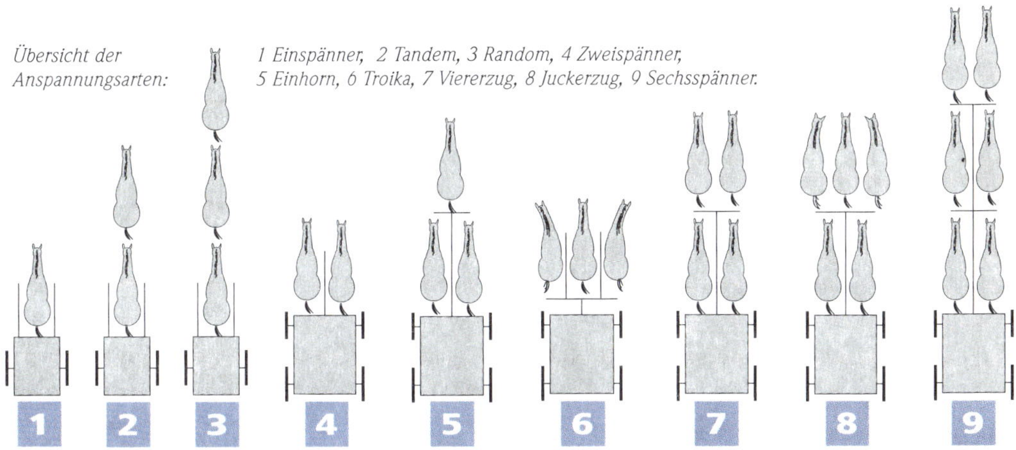

Klotzbremsen, die mit Holz, Gummi oder Metall auf das Rad drücken.

Die Spurbreite des Wagens sollte möglichst breit sein, für Turnierwagen sind bei Großpferden eine Höchstspurweite von 160 cm, bei Ponys von 140 cm vorgeschrieben.

Die Länge der Deichsel sollte mit der beweglichen Deichselbrille nicht über die Pferdenasen hinausragen, die Höhe soll der Höhe der Oberarme entsprechen.

Einspänner im Dressureinsatz.

Alle Wagen sollen den allgemeinen Anforderungen entsprechen, die von der Deutschen Reiterlichen Vereinigung (FN) und der DEKRA in den Richtlinien für den Bau und Betrieb pferdebespannter Fahrzeuge zusammengefaßt sind und den Regeln der Straßenverkehrsordnung und der Straßenverkehrs-Zulassungs-Ordnung entsprechen.

Anspannungsarten

Gespanne können mit einem oder mit mehreren Pferden gefahren werden. Ursprünglich aus der Notwendigkeit des schweren Zugs oder der über weitere Strecken notwendigen Fortbewegung ergaben sich in verschiedenen Ländern traditionelle Anspannungsarten:

Einspänner

In erster Linie Anspannung vor Carts oder Gigs, aber auch vor leichten vierrädrigen Wagen wie Spider - Phaeton.

Zweispänner

In den beiden Anspannungsarten Kumtanspannung in Verbindung mit Phaetons, Wagonetten und leichten Breaks sowie Sielenanspannung mit Jagdwagen, aber auch leichten Wagonetten und Phaetons.

Anspannungsarten

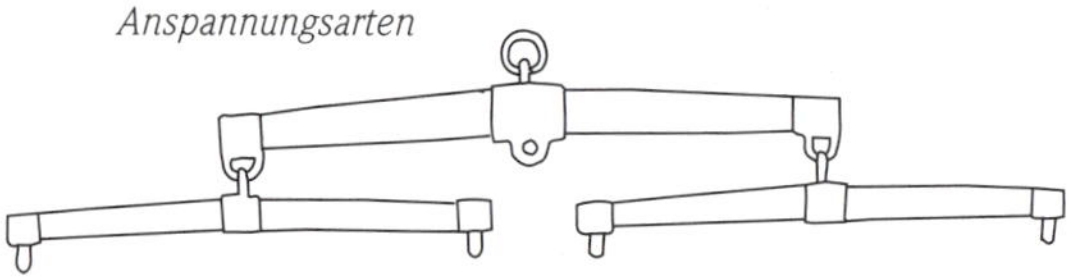

Die Spielwaage - zum genauen Fahren nicht geeignet.

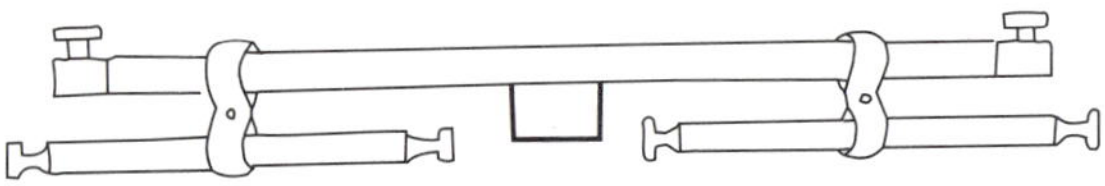

Die Sprengwaage - häufigste Anspannungsart, auch für das Achenbach-System.

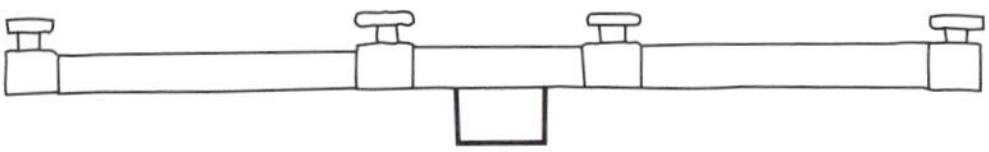

Die feste Anspannung an Docken.

Die Einhorn-Anspannung.

Vierspänner

Wie Zweispänner können die beiden Anspannungsarten Kumtgeschirr und Sielengeschirr verwendet werden. Hier werden bei Kumtgeschirr Break, größere Wagonette oder Phaeton verwendet oder Park-Coach, Char-à-bancs eingesetzt, für Sielengeschirr größere Jagdwagen, ungarische Landwagen oder Wagonetten.

Mehrspänner

Tandem und Random

Zwei bzw. drei Pferde hintereinander werden vor hohen Dogcarts oder Tandem-Carts gefahren.

Einhorn

Vor einem Zweispänner wird ein Pferd als Vorauspferd gefahren, hierzu Geschirr und Wagen wie beim Zweispänner.

Troika

Drei Pferde nebeneinander, bei denen das mittlere Pferd unter einem Bogen (Djuga) läuft, die äußeren Pferde mit Außenstellung gefahren werden. Während das Mittelpferd ein Traber ist, werden außen zwei leichte Warmblutpferde eingespannt.

Fünfspänner oder Juckerzug

Vor einem Zweispänner werden drei Pferde nebeneinander gespannt, im Original mit Sielenanspannung und ungarischem Landwagen.

Sechsspänner

Er besteht aus drei voreinander gespannten Pferdepaaren, die in der Regel in Kumtanspannung vor einem nicht zu leichten Wagen wie Char-à-bancs, Break, Coach gehen.

Spielwaage, Sprengwaage und Docken

Unverzichtbar für das Achenbach-System ist die halbfeste oder die feste Anspannung an Sprengwaage oder Docken.

Die Spielwaage, früher in der Landwirtschaft meist in Verwendung, gibt dem Fahrer keine Möglichkeit des exakten Fahrens, ein Verschnallen der Leinen ist nur zum Gebäudeausgleich möglich, der Abstand vom Pferdemaul zum Bock wechselt laufend, Wendungen können, da der Wagen nicht vom äußeren Pferd in die Wendung gezogen wird, nicht genau gefahren werden, die Wendung muß durch den Körper des Pferdes an der Deichsel herbeigeführt werden.

An der Sprengwaage wird in Kumt- oder Brustblattgeschirr gefahren. Die beweglichen Ortscheite werden an der Waage so festgehalten, daß ein genaues Fahren mit den Vorzügen des Achenbach-Systems möglich ist, die Leinenverschnallungen zeigen Wirkung. Sie ist die häufigste Anspannungsart.

Bei der Dockenanspannung darf nur mit Kumtanspannung gefahren werden, da sonst die feste Verbindung zwischen Geschirr und Wagen die Pferdeschulter aufreiben würde. Die Stränge sind hier auf eine Art Poller direkt auf der Vorderbracke befestigt, was genaues Fahren in den Wendungen und die Wirkung der Leinenverschnallung zuläßt. Verwendet wird diese Anspannungsart bei Vier- und Sechsspännern für die Stangenpferde und bei Einspännern.

Tandem-Anspannung.

Die Fußbremse.

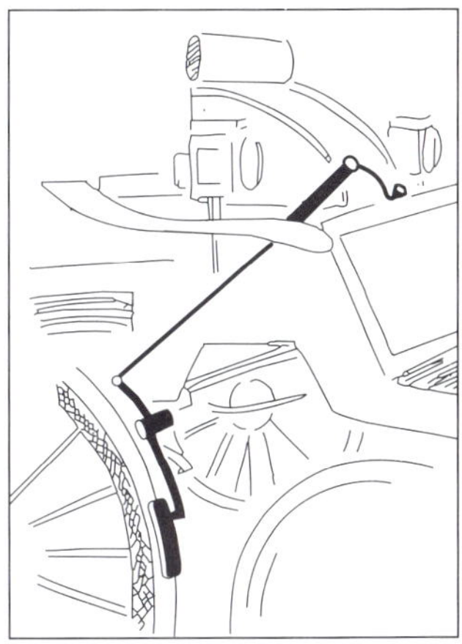

Die Kurbelbremse.

Beschaffenheit der Wagenteile

Bock

Der Bock muß so hoch angeordnet sein, daß der Fahrer mit dem Sitzkissen so hoch sitzt, daß die Leinen aus der Hand des Fahrers direkt zu den Pferden bzw. den Leinenaugen laufen und keinen Knick aufweisen. Sie dürfen unter keinen Umständen auf der Kruppe der Pferde aufliegen, um ein Leinenfangen durch den Schweif zu verhindern. Bei den für Landanspannung gebauten im originalen ungarischen Stil gebauten Wagen, die in der Regel niedrig sind, gehört ein niedriges Bockkissen zum Stil.

Räder und Spurweite

Je größer die Räder des Wagens sind, desto leichter laufen diese auch über Unebenheiten hinweg. Der höhere Schwerpunkt des Wagens wird durch eine breitere Spurweite ausgeglichen. Deshalb sollen Wagen für Großpferde eine Spurweite von 148 cm, für Ponys möglichst 138 cm nicht unterschreiten mit Ausnahme der Marathon-Wagen oder Wagen für sehr kleine Ponys. Für den Turniersport bestehen für Großpferde und Ponys unterschiedliche Höchstmaße.

Die Achsen sind ausreichend zu dimensionieren und sicher am Fahrgestell zu befestigen. Die Räder müssen an den Achsen sicher befestigt sein. Die Pflege der Naben darf nicht vernachlässigt werden, ebenso die Pflege von Holzrädern. Die Bereifung der Räder mit Vollgummibereifung hat sich bewährt.

Luftbereifte Wagen sind im Freizeitsport geeignet, nicht jedoch nach den Bestimmungen im höheren Turniersport.

Bremsen

Alle Fahrzeuge müssen mit einer Bremse ausgestattet sein, die auch festgestllt werden kann. Wagen zur gewerblichen Personenbeförderung müssen über eine Allradbetriebsbremse verfügen. Es sind als Betriebsbremsen Trommel- und Scheibenbremsen zugelassen. Als Feststellbremsen kommen in erster Linie Kurbel-, Druck- oder Zugbremsen in Frage. Bei modernen Wagen und bei Geländewagen werden hydraulische Bremsen verwendet, die fachgerecht angebracht sein müssen. Die Funktionsfähigkeit der Bremsen ist zu jeder Zeit zu gewährleisten und immer wieder zu überprüfen.

Deichsel

Die Deichsel kann aus Holz oder Stahl sein. Schwebedeichseln liegen ruhiger und schlagen bei Unebenheiten weniger. Die herausnehmbare Deichsel muß mit einem Nagel gesichert werden, der wiederum

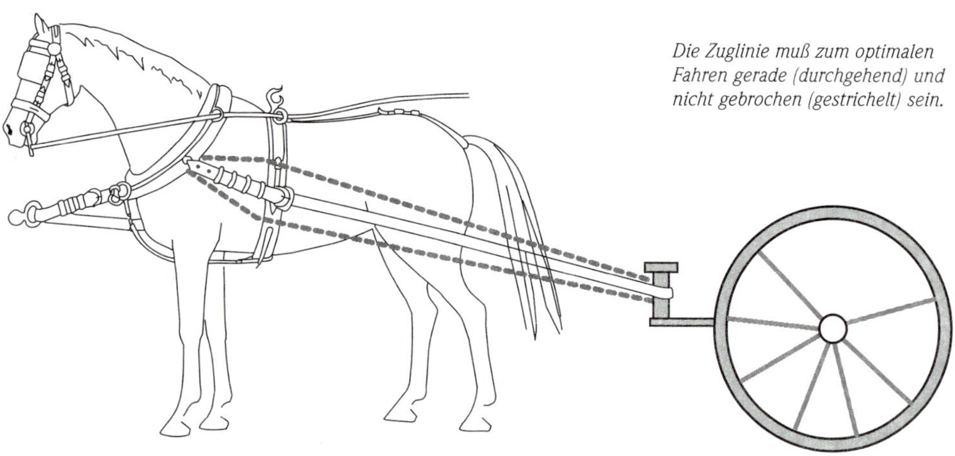

Die Zuglinie muß zum optimalen Fahren gerade (durchgehend) und nicht gebrochen (gestrichelt) sein.

Scheibenbremsen an den Rädern.

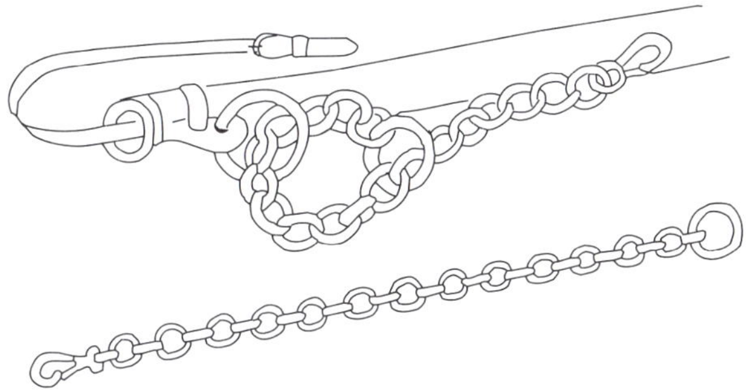

Die Verbindung vom Geschirr zur Deichsel erfolgt durch Ketten oder durch Aufhalteriemen.

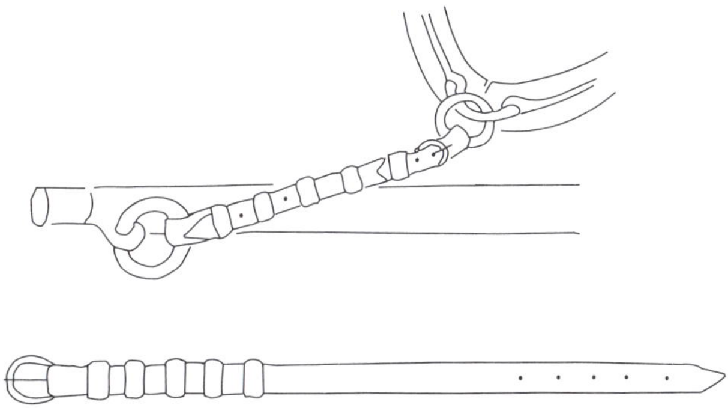

durch einen Split am Herausspringen gehindert wird. Die Höhe der Deichsel soll der Größe der Pferde angepaßt werden, sie soll am Ende in der Höhe des Buggelenks der Pferde zu Liegen kommen.

Die Deichselbrille muß ausreichend stabil sein und genügend groß sein.

Lenkung

Die meistens verwendete Drehschemellenkung muß sicher am Fahrgestell befestigt sein. Der Kugellagerdrehkranz ist zu bevorzugen, ein Spiel zwischen Drehschemel und Fahrgestell soll äußerst gering sein. Zur Sicherheit gegen ein Seitenschlagen kann ein Drehkranzstabilisator eingebaut werden.

Lenkverzögerungen dürfen nach den Bestimmungen für den Turniersport nur in Geländewagen eingebaut werden, die bei deren Verwendung in anderen Prüfungen ausgeschaltet werden müssen.

Lichttechnische Anlagen

Hierüber geben die Richtlinien für den Bau und Betrieb pferdebespannter Fahrzeuge genaue Angaben, die § 66 a StVZO entsprechen müssen.

Hierzu zählen:

- weiße Leuchten nach vorne,
- rote Rückstrahler nach hinten,
- rote Leuchte nach hinten,
- gelbe Rückstrahler nach der Seite.

Das Viererzugfahren

Unterschiede in Handhabung und Ausrüstung.

Beim Viererzug-Fahren müssen, im Vergleich zum Ein- und Zweispänner, einige Unterschiede beachtet werden.

Leinen, Geschirr und Wagen stimmen in Abmessungen und Verschnallungen nicht überein. Zusätzliche Hilfsmittel müssen verwendet werden.

Peitsche und Peitschengebrauch sind anders.

Viererzugausrüstung

Die Leinen

Die Maße der Viererzugleinen ist nicht identisch mit den Maßen der Zweispännerleine. Es ist also nicht angebracht, für die Stangenpferde des Vierspänners die Zweispännerleine zu verwenden.

Die Leinen für die Stangenpferde messen bei der Außenleine 4,20 bis 4,50 m, die Entfernung des Mittellochs von der äußeren Gebißschnalle 2,45m, also 45 cm weiter vorne als bei der Zweispännerleine, dies deshalb, weil sonst die Schnallen der Hinterleinen dem Fahrer zu leicht in die Hand geraten. Die Innenleinen sind ebenfalls 45 cm weiter nach vorne verschoben und damit die Leine kürzer als beim Zweispänner, 2,57 m lang gegenüber den 3,02 m der Zweispännerleine. Bei den Vorderleinen mißt die Außenleine 7,20 bis 7,50 m, entscheidend sind hier auch die Abstände des Mittellochs von der äußeren Gebißschnalle, sie betragen 2,15 m, das Maß der Innenleinen beträgt (wieder 12 cm mehr) 2,27 m. Die Kreuzschnallen sind bei den Vorderleinen noch weiter zu den Pferdemäulern gerückt, weil sie bei scharfen Wendungen sich sonst leicht bei den Stangenpferden verfangen könnten.

Das Geschirr

Kumtgeschirr und Sielengeschirr wie beim Zweispänner sind im Prinzip verwendbar, als zusätzliche Hilfsmittel zur Führung der Leinen sind am Fahrzaum der Stangenpferde außen Viererringe angebracht, die in den Kehlriemen von hinten eingeschnallt werden und auf dem

3. Der Leinenführungsring auf dem Kammdeckel der Stangenpferde für die Führung der Vorderleinen

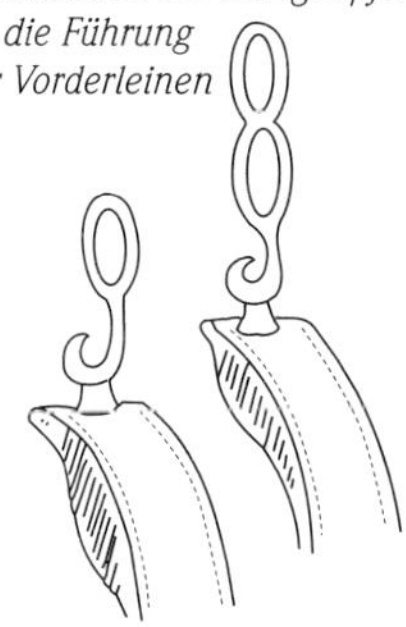

Die Stränge der Viererzüge

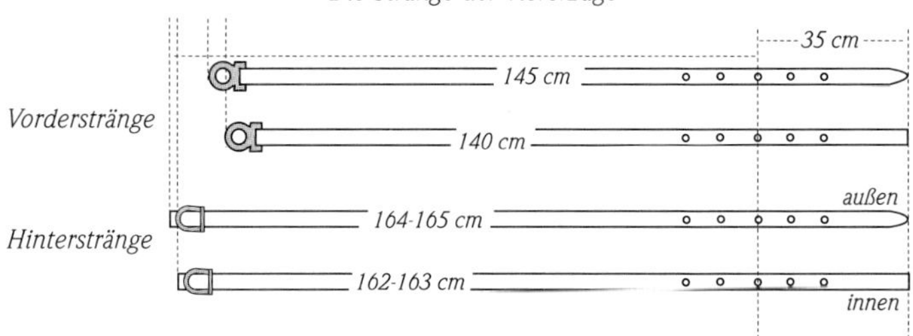

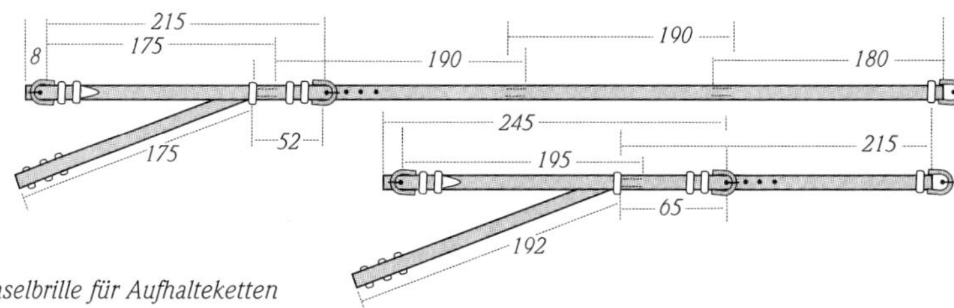

oben: Die Vierspännerleinen mit ihren Abmessungen

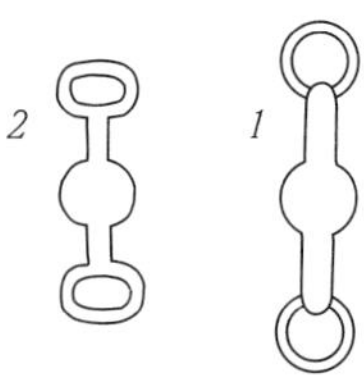

1 Deichselbrille für Aufhalteketten

2 Deichselbrille für Aufhalteriemen

Kammdeckel der Stangenpferde je ein Leinenführungsring anstelle des Aufsatzhakens des Zweispänners. Sie dienen zur Führung der Vorderleinen.

Die Stränge der Vorderpferde sind kürzer als die der Stangenpferde und betragen für den Außenstrang 1,45 m, für den Innenstrang 1,40 m und sind wie beim Zweispänner und den Stangenpferden für den Außenstrang spitz, für den Innenstrang gerade zugeschnitten.

Zur Verbindung der Vorderpferde wird zumeist ein Koppelriemen eingesetzt, der von Aufhalterring zu Aufhalterring eingeschnallt wird.

Der Wagen

Ein genügend schwerer Wagen sollte für das Vierspännigfahren immer verwendet werden. In die Deichselbrille des Wagens wird eine Vorderbracke eingehängt, weshalb diese besonders fest mit der Deichsel verbunden sein muß.

Zum Verschluß des Deichselhakens muß ein Lederriemchen vorhanden sein, damit sich die Stangenpferde nicht am Haken mit dem Gebiß festmachen können. Zum Anspannen der Vorderpferde wird ein Vorhang verwendet, der entsprechend dem Charakter des Wagens hergestellt ist.

In der Regel wird für den Fahrer ein gegenüber dem Zweispänner höheres Sitzkissen notwendig sein, wenn ein nicht ausreichend hoher Wagen eingesetzt werden kann. Dies ist zweckmäßig, um den Überblick über das Gespann zu haben.

Die Peitsche

Auch der Fahrer eines Viererzuges muß in der Lage sein, effektive Peitschenhilfen zu geben, was mit der Zweispännerpeitsche bei den

Für die Führung der Viererzugleinen sind Viererringe am Kopfgestell der Stangenpferde notwendig.

1. Die Viererringe werden am Kehlriemen von hinten eingeschnallt.

2. Der Viererring muß die Leinen unterhalb der Scheuklappen führen.

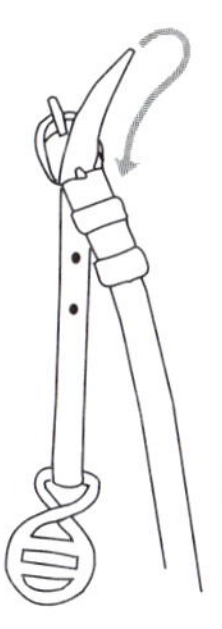

1

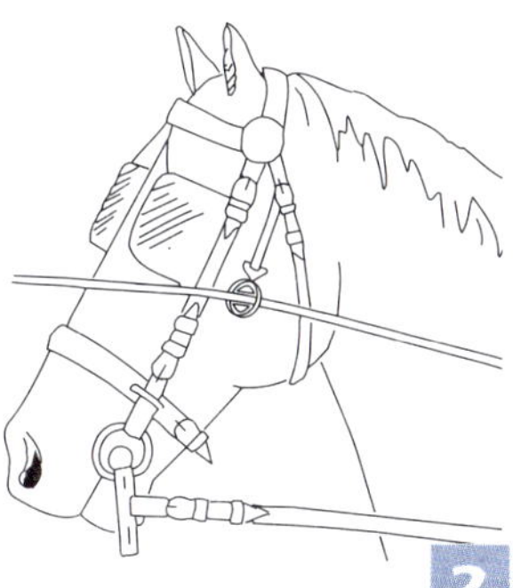

2

Anspannung der Vorderpferde

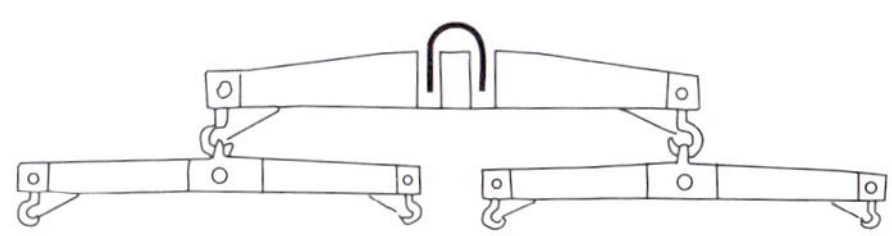

Englische Anspannung

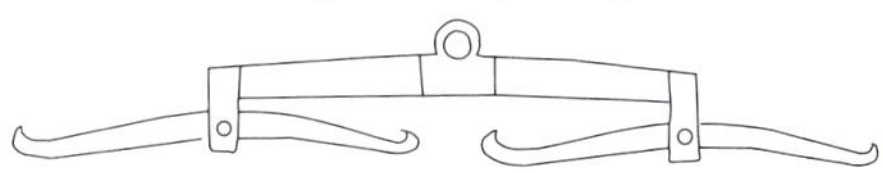

Ungarische Anspannung

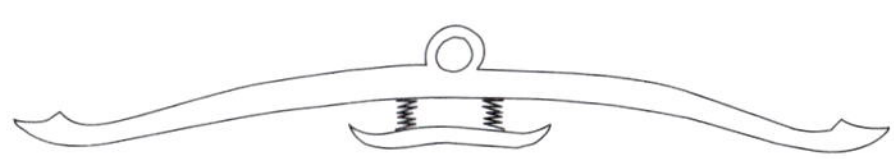

Postwaage

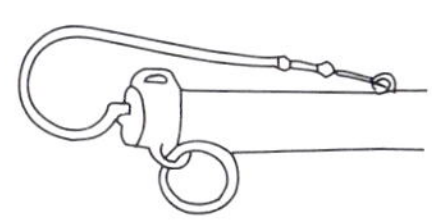

Deichselhaken, mit Riemchen verschlossen

Auch Haflinger haben sich im Vierspänner in Geländeprüfungen bewährt.

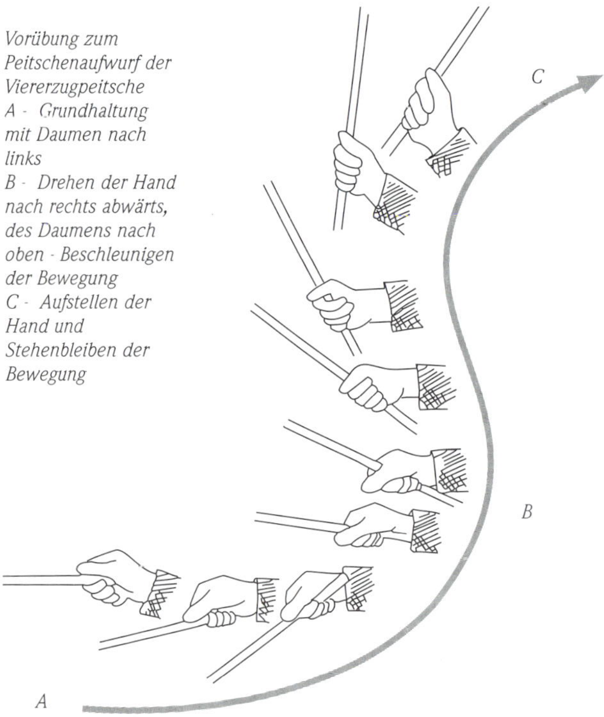

Vorübung zum Peitschenaufwurf der Viererzugpeitsche
A - Grundhaltung mit Daumen nach links
B - Drehen der Hand nach rechts abwärts, des Daumens nach oben - Beschleunigen der Bewegung
C - Aufstellen der Hand und Stehenbleiben der Bewegung

Vorderpferden nicht möglich ist. Die Viererzugpeitsche hat dazu eine wesentlich verlängerte Schnur, die beim normalen Fahren nicht abgewickelt, sondern „aufgeworfen" ist. Die Länge der Schnur beträgt 3,70 bis 3,80 m, der Peitschenstock soll steif und nicht länger als 1,50 m sein. Der Gebrauch der Peitsche bei den Vorderpferden erfordert eine bestimmte Geschicklichkeit, damit man nicht die Stangenpferde am Kopf trifft oder die Peitsche sich in den Pferden oder dem Geschirr verfängt. Sowohl das Abwickeln, das Vorderpferdetreffen und das Aufwerfen müssen zuerst an der Übungsattrappe geübt werden, ehe man auf dem Bock am Gespann tätig werden kann.

Das Aufwerfen der Peitsche ist schwierig und bedarf langer Übung. Am besten sind Vorübungen auf

Immer spektakulär die Wasserdurchfahrten im Gelände.

dem Boden mit einem an eine Wand gezeichneten etwa 60 bis 70 cm großen S, das mit der Hand nachgezeichnet wird. Am unteren Ende beginnt man mit waagrecht liegender Hand, der Daumen sieht nach links bis etwa zur Mitte und steigt dann an, bis er am Ende senkrecht nach oben steht. Die Bewegung beginnt langsam, wird im Mittelteil dann schneller und endet mit einem scharfen und ruckartigen Halt, wobei die Hand ruhig stehen bleiben muß. Nach Übungen mit einem schnurlosen Stock kann dann zur Peitsche selbst übergegangen werden. Schließt man bei den Versuchen die Augen, so kann man das richtige Gefühl für den Bewegungsablauf leichter erlernen. Bereits mit dem Stock muß man darauf achten, die Handstellung und die Stockrichtung richtig zu führen, was später mit der Peitsche besonders beachtet werden muß. Man darf nie mit dem Stock gegen die Schnur schlagen, sondern die Schnur muß durch den Ruck beim Anhalten der Hand gegen den Stock fliegen und sich mit zwei gegenteiligen Gewinden um den Stock wickeln. Beim Aufwerfen selbst wird das Ende der Schnur mit dem Peitschengriff in die rechte Hand genommen, die Schnur hängt in großem Bogen herunter. Nun wird die beschriebene S - Bewegung von unten nach oben ausgeführt. Liegt die Schnur richtig, so wird die Peitsche vor der Körpermitte der linken Hand so entgegengebracht, daß diese mit Daumen und Zeigefinger die Schnur erfassen kann. Die linke Hand darf dabei aber ihren Platz vor der Körpermitte nicht verlassen, weil sonst das Gespann seine

Peitschenaufwurf der Viererzugpeitsche

1. Daumen und Zeigefinger halten das Schnurende fest

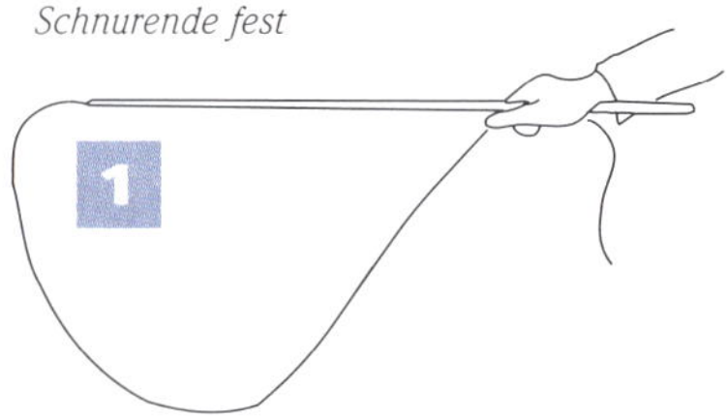

2. Schnur trifft den stillstehenden Stock

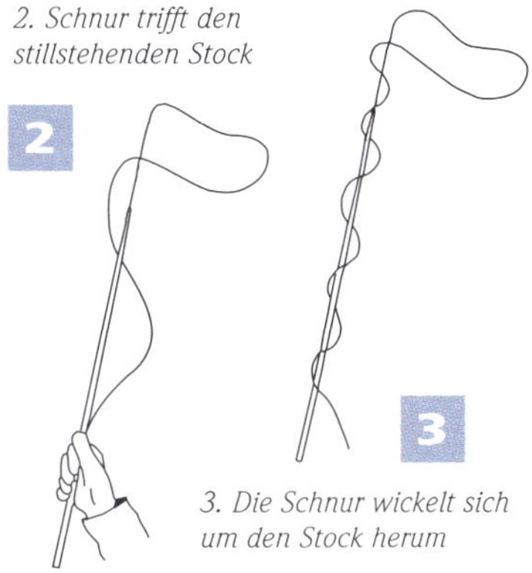

3. Die Schnur wickelt sich um den Stock herum

Peitschenaufwurf der Viererzugpeitsche

1 richtig aufgeworfen

2 fehlerhaft aufgeworfen mit Kringeln

3 fehlerhaft aufgeworfen mit zu großem Bogen

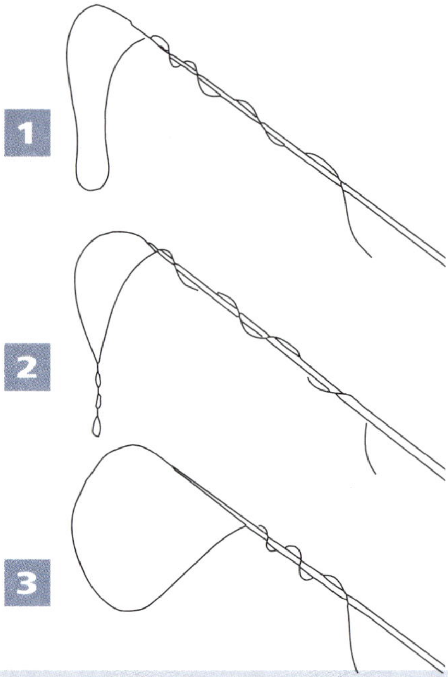

Eine genügende Entfernung des Peitschenstocks beim Vorwerfen von den Stangenpferden ist zu beachten. Auch darf die Peitsche nicht ruckartig sofort zurückgenommen werden, was ein Treffen der Stangenpferde verursachen könnte. Beim Zurücknehmen der Peitsche soll der Schlag auf dem rechten bzw. linken Oberschenkel oder Unterarm landen, wo er vom Daumen und Zeigefinger der rechten Hand aufgenommen und zum Aufwerfen vorbereitet werden kann.

Richtung verändern würde. Durch ein Weggehen der rechten Hand nach rechts und Festhalten der linken Hand wird das untere Ende des Gewindes vom Stock genommen, doch das obere Gewinde darf sich dabei nicht auflösen. Der Stock wird nun mit Schwung so um seine Längsachse gedreht, daß die große Schlaufe um den Stock herum schwingt, dabei der Stock mit den Fingern der rechten Hand nach rechts gedreht, es wickelt sich der Schlag noch einige Male um den Stock. Die Doppelschnur des oberen Bogens ist bei den Stangenpferden zu gebrauchen, für die Vorderpferde muß die Peitsche abgewickelt werden.
Das Abwickeln der Peitsche erfolgt mit einer Haltung der Peitsche nach halbrechts unten und einem Drehen aus dem Handgelenk. Der Fahrer hält dabei das Ende des Schlags mit dem Daumen am Stock fest.

Will man nun das rechte Vorderpferd treffen, so läßt der Daumen den Schlag los, die Schnur schleppt kurz rechts neben dem Wagen, man beschreibt mit der Peitsche einen großen Kreis entgegen der Rollrichtung der Räder und wirft den Schlag dicht über dem Boden nach vorne. Der Treffpunkt soll nahe des Kammdeckels liegen. Bei der Peitschenhilfe am linken Vorderpferd wird die Peitschenschnur vorsichtig zuerst auf die linke Seite des Gespanns gebracht, dann die Hilfe wie auf der rechten Seite ausgeführt.

Die Leinenhaltung beim Vierspännigfahren

Beim Vierspännigfahren unterscheidet man zwei Leinenhaltungen.
Sie müssen zuerst am Fahrlehrgerät geübt werden. Man kann die Aufnahme der Leinen am Fahrlehrgerät in der Weise ausführen, daß das obere Leinenpaar (die Vorderleinen) in die rechte, das untere Leinenpaar (die Hinterleinen) in die linke Hand genommen wird. Die Leinen werden in der linken Hand durch den Mittelfinger getrennt, die rechte Hand übergibt dann die Vorderleinen so in die linke Hand, daß sie durch den Zeigefinger getrennt sind.

Die Grundhaltung

Die Grundhaltung vereinigt alle vier Leinen in der linken Hand. Die linke Vorderleine liegt über dem Zeigefinger, die rechte Vorderleine liegt zwischen Zeigefinger und Mittelfinger. Die linke Hinterleine liegt direkt unter der rechten Vorderleine zwischen Zeige- und Mittelfinger und die rechte Hinterleine liegt zwischen Mittel- und Ringfinger; alle vier Leinen werden durch die volle Hand nach unten durchgezogen. Die unteren drei Finger halten die Leinen fest umschlossen, Daumen und Zeigefinger bleiben leicht geöffnet und nehmen zu den entsprechenden Griffen die Peitsche auf und die zu legenden Schleifen.

Die linke Hand steht senkrecht vor dem Körper, jede Abweichung der Hand nach links oder rechts ergibt bereits eine Richtungsänderung.

Die Gebrauchshaltung

In der Gebrauchshaltung befindet sich auch die rechte Hand in den Leinen. Sie geht unmittelbar vor die linke Hand, zwischen Zeigefinger und Mittelfinger kommt die linke Vorderleine, zwischen Mittelfinger und kleinem Finger die linke Hinterleine zu Liegen, die beiden rechten Leinen laufen, als wäre es eine Leine, unter dem rechten kleinen Finger durch die Hand, vom kleinen Finger und Ringfinger festgehalten, in die linke Hand, die in der Grundhaltung die Leinen immer fest umschlossen hält. Die Peitsche liegt in der rechten Hand wie beim Zweispännigfahren.

1

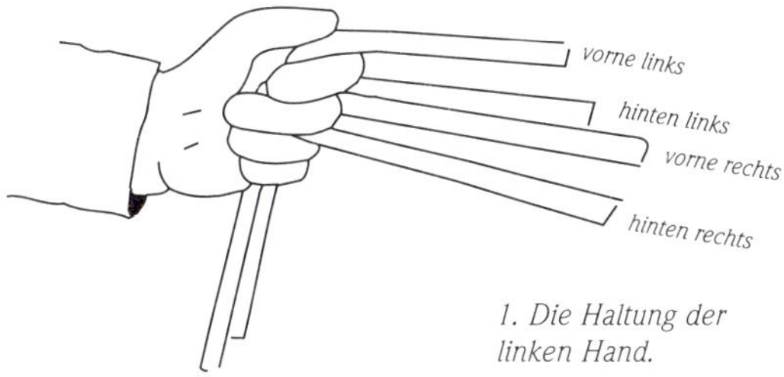

1. Die Haltung der linken Hand.

2

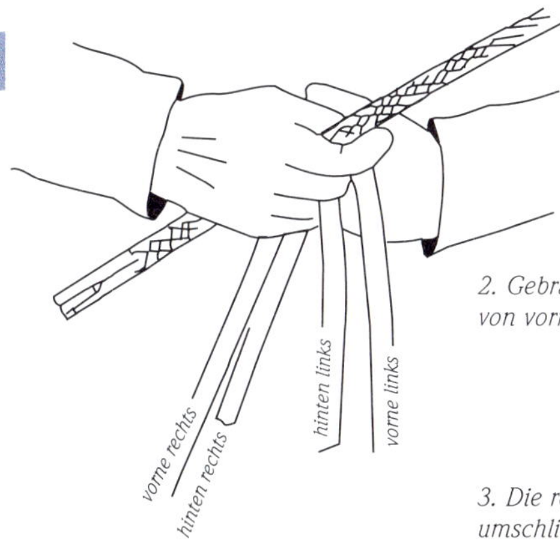

2. Gebrauchshaltung von vorne gesehen.

3. Die rechte Hand umschließt vorübergehend die Leinen.

3

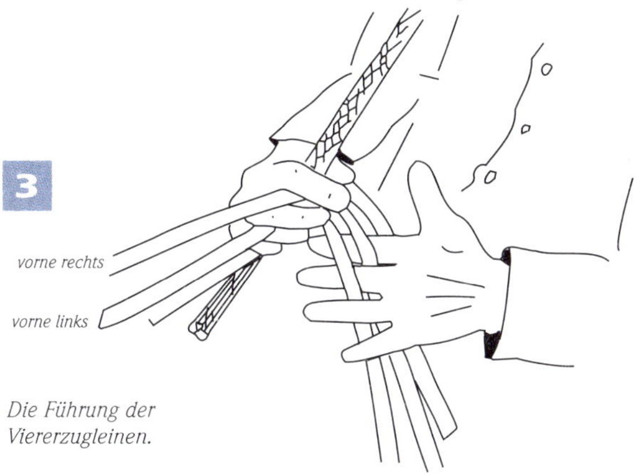

Die Führung der Vierzugleinen.

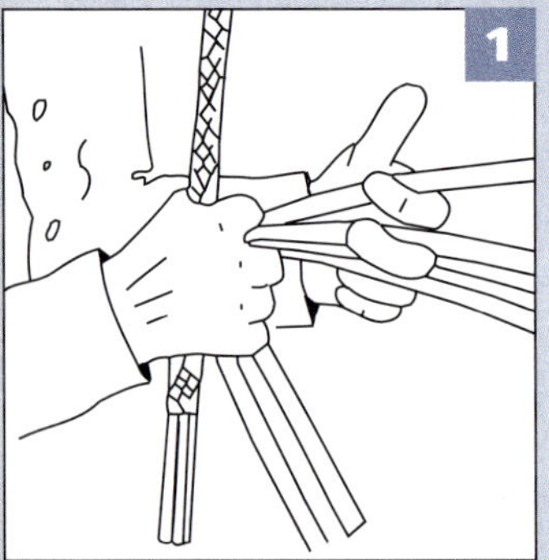

Das Verkürzen aller vier Leinen

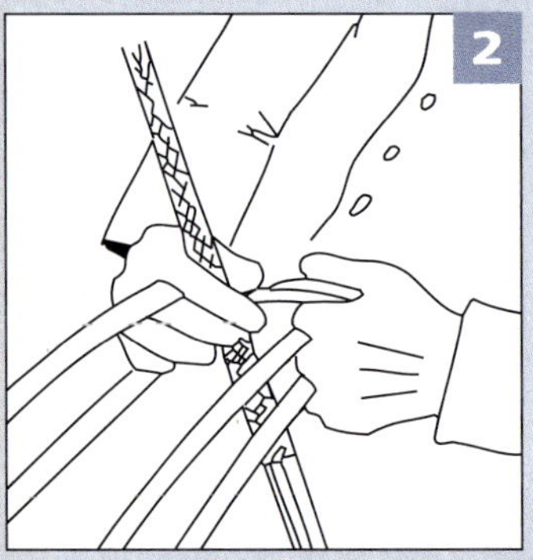

Das Verlängern der Vorderleinen

Leinengriffe beim Vierspännigfahren

Verkürzen und Verlängern:
Wie beim Zweispännigfahren unterscheidet man beim Verkürzen:

Zentimeterweises verkürzen:
Hierzu gleitet die rechte Hand in der Gebrauchshaltung ein kurzes Stück nach vorne und hält die Leinen so fest. Danach gleitet die linke Hand an die rechte Hand heran und beide Hände nehmen die Leinen wieder fest an.

Verkürzen um ein größeres Stück:
Hierzu erfaßt die rechte Hand die Leinen kurz hinter der linken Hand mit den unteren drei Fingern, während die linke Hand vor die rechte Hand gesetzt wird, entsprechend nach vorne gleitet und die Leinen in Grundhaltung aufnimmt. Die rechte Hand geht dann wieder vor die linke Hand in Gebrauchshaltung, beide Hände nehmen die Leinen zurück, doch darf der Oberkörper beim Verkürzen nicht nach vorne gebeugt werden.

Vorübergehendes verkürzen oder die scharfe Parade:
Die halbe Parade wird wie beim Zweispänner ausgeführt, ebenso die ganze Parade.

Verlängern aller vier Leinen:
Die rechte Hand zieht in Grundhaltung alle vier Leinen gleichmäßig auf einmal oder in mehreren kleinen Stücken nach vorn heraus.

Verkürzen der Vorderleinen:
Sollen nur die Vorderleinen verkürzt werden, so wird die rechte Vorderleine, die zwischen Zeige- und Mittelfinger liegt, in der Grundhaltung auf den linken Zeigefinger genommen, so daß beide Vorderleinen auf dem linken Zeigefinger liegen. Die rechte Hand schiebt nun die Vorderleinen in die linke Hand hinein, soweit die Leinen verkürzt werden sollen. Danach nimmt man die rechte Vorderleine wieder zwischen Zeige- und Mittelfinger.

Verkürzen der Hinterleinen:
Zweckmäßig ist es in diesem Fall, zunächst alle vier Leinen zu verkürzen und dann die Vorderleinen auf das notwendige Maß zu verlängern oder zuerst die Vorderleinen zu verlängern und dann alle vier Leinen zu verkürzen.

Verlängern der Vorderleinen:
Wie beim Verkürzen der Vorderleinen wird in Grundhaltung zuerst dic rechte Vorderleine über den Zeigefinger gelegt. Danach werden beide Vorderleinen um das notwendige Stück von der rechten Hand herausgezogen und dann wieder die rechte Leine zwischen Zeige- und Mittelfinger gelegt.

Verlängern der Hinterleinen:
Hier verkürzt man zuerst die Vorderleinen, um dann alle vier Leinen zu verlängern oder geht in der umgekehrten Reihenfolge vor, zuerst die Vorderleinen zu verkürzen und dann alle vier Leinen zu verlängern.

Veränderung einzelner Leinen:
Es können nur die linke Vorderleine und die rechte Hinterleine einzeln verlängert oder verkürzt werden, niemals die zusammen zwischen

Mittel- und Ringfinger liegenden anderen beiden Leinen. Hierzu zieht die rechte Hand in Grundhaltung eine der beiden Leinen heraus oder schiebt sie entsprechend in die linke Hand zurück.

Wendungen

Beim Fahren von Wendungen mit dem Vierspänner ist darauf zu achten, daß die Vorderpferde nicht am Zug beteiligt sind. Die Richtung des Wagens müssen die Stangenpferde an den Docken oder der Sprengwaage, nicht die Vorderpferde an der Deichsel angeben.

Charakteristisch für die Wendungen mit dem Vierspänner im Achenbach-System ist das Legen von Schleifen in den Leinen. Das bedeutet, daß die Vorderpferde in der Weise in die Wendung gestellt werden, daß der Fahrer ein Stück der Leinen heranholt und zu einer Schleife in die linke Hand legt. Die Größe der Schleife bestimmt den Radius der Wendung und wird nach der Wendung durch ein Durchgleitenlassen wieder aufgehoben.

Für das Tempo in den Wendungen ist das beim Zweispänner Gesagte ebenfalls gültig, Rechtswendungen werden im Schritt oder zumindest im verkürzten Tempo gefahren, bei Linkswendungen kommt es auf die Weite des Bogens an, ob im

Das Heranfahren des Viererzuges an die rechte Straßenseite. Vorder- und Hinterpferde werden getrennt nach rechts geführt.
A: Ankommen der Vorderpferde
B: Ankommen des Wagens

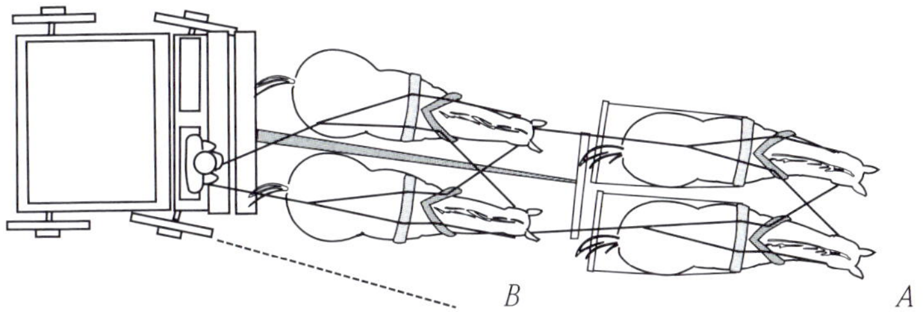

Das Herausnehmen der rechten Leinen zum Heranfahren.

Beim Linksheranfahren laufen die linken Leinen über die volle Hand.

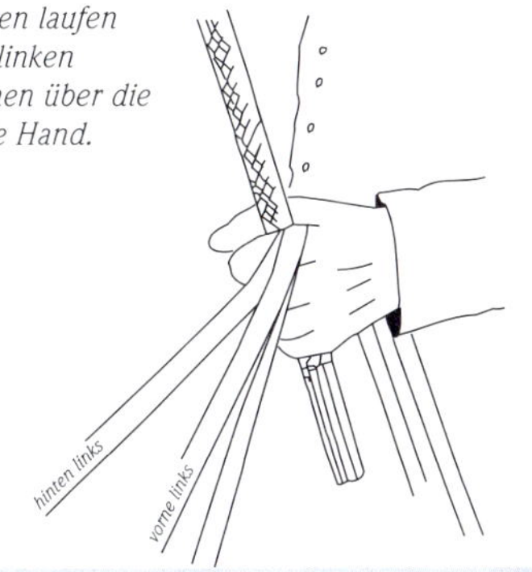

Gebrauchstrab oder in kürzerem Tempo gefahren werden muß.

Die Linkswendung

Der Weite der Wendung entsprechend wird rechtzeitig vor Einleitung des Bogens das Tempo verkürzt unter Zuhilfenahme der Bremse, im Straßenverkehr Zeichen gegeben sowie die Möglichkeit des Abbiegens überprüft.

Um die Stangenpferde auf der Linie zu führen, die die Vorderpferde gehen, ist es notwendig, die rechte Hinterleine auf den linken Zeigefinger zu legen, um die Stangenpferde etwas gegenzuhalten. Jetzt greift die rechte Hand auf der linken Vorderleine ca. 15 cm weit vor, die

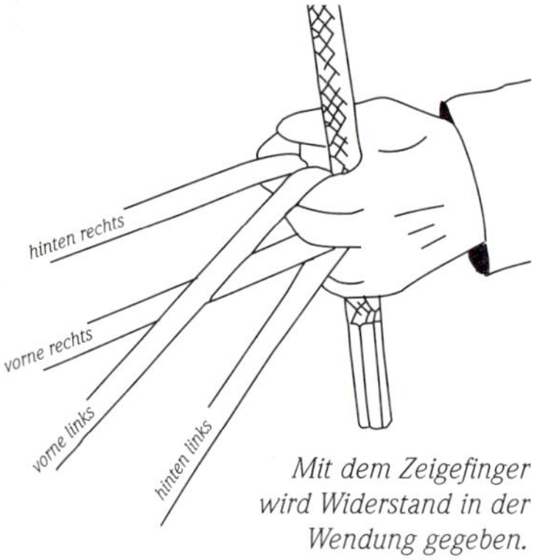

Mit dem Zeigefinger wird Widerstand in der Wendung gegeben.

1

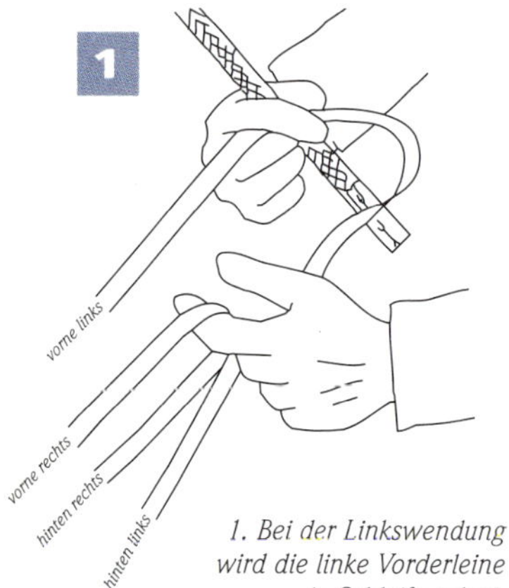

1. Bei der Linkswendung wird die linke Vorderleine in Schleife gelegt.

2

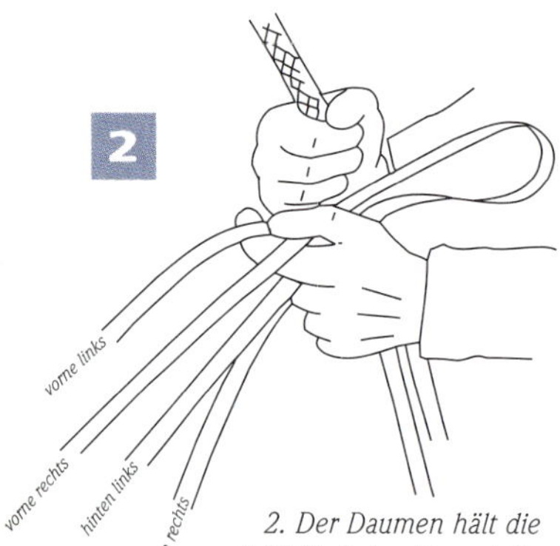

2. Der Daumen hält die Schleife fest, während die rechte Hinterleine auf den Zeigefinger genommen wird.

Leine wird mit Zeige- und Mittelfinger festgehalten, dazu vermehrt Fühlung mit dem Pferdemaul aufgenommen und dann diese Leine in einer Schleife unter dem Daumen der linken Hand abgelegt. Der Daumen liegt auf der Leine und hält sie fest. Das Legen der Schleife muß langsam erfolgen, um die Pferde nicht abrupt in die Wendung zu ziehen. Das Lösen der Schleife erfolgt wiederum langsam, wenn die Wendung etwa dreiviertel durchfahren ist. Die Führung der Stangenpferde in der Wendung erfolgt durch eine Führung der linken Hand rechts-vorwärts, wodurch die rechte Hinterleine etwas länger, die linke kürzer wird. Die linke Hand geht dann wieder zurück an ihren Platz vor dem Körper, wenn die Stangenpferde die neue Richtung eingenommen haben, dann kann auch der Druckpunkt der rechten Hinterleine auf dem Zeigefinger aufgegeben werden. Wird die Wendung richtig gefahren, so geht das innere Stangenpferd „auf Lücke", es geht in Richtung zwischen die beiden Vorderpferde.

Als Hilfe zum korrekten Fahren einer Linkswendung auf dem Turnierplatz führt man die Stangenpferde zunächst geradeaus durch das Legen der rechten Hinterleine auf den Zeigefinger, dann noch durch ein Anheben der beiden linken Leinen nach dem Schleifenlegen, während die rechte Hand leicht nach vorne geht.

Die Rechtswendung

Auf der Straße wird die Wendung eingeleitet durch das Zeichengeben, das Parieren zum Schritt und einen Abstand des Wagens von ca. 1 m von der Bordsteinkante. Das Gegenhalten für die Führung der Stangenpferde erfolgt in diesem Falle durch ein Verschieben der linken Hand zur rechten Körperhälfte, wenn die Vorderpferde auf der Höhe der Bordsteinecke angekommen sind. So kann das Stangenhandpferd den Wagen durch die Ecke ziehen.

Gleichzeitig mit dem Ausweichen der Hand nach rechts wird die Schleife der rechten Vorderleine gelegt, indem mit den drei unteren Fingern der rechten Hand diese Leine unter den Zeigefinger der linken Hand gebracht und dort so lange festgehalten wird, bis die Vorderpferde in die neue Richtung gehen. Das Herausgleiten der Leine ist auch hier langsam zu bewerkstelligen, das letzte Stück erst dann, wenn der Wagen die neue Richtung erreicht hat.

Die Stangenpferde werden zusätzlich so in die Wendung geführt, daß die rechte Hand beide rechten Leinen mit der vollen Hand nimmt und sie nach rechts führt.

Die Umkehrwendungen

Bei der Linksumkehrtwendung muß zum Schritt, nahezu zum Halt, durchpariert werden. Ein Gegenhalten der Stangenpferde ist hier nicht unbedingt erforderlich. Das Schleifenlegen erfolgt hier in zwei Schritten von je ca. 15 cm, beide Schleifen werden mit Druckpunktnehmen zu einer Schleife verbunden, die etwa doppelt so groß ist wie bei der Linkswendung, unter den linken Daumen gelegt und dann mit der rechten Hand auf die rechten Leinen gegangen, um ein zu schnelles Herumtreten der Pferde zu verhindern.

Nachdem die Vorderpferde weitgehend herumgetreten sind, läßt man die beiden Schleifen herausgleiten, immer in Anlehnung an die Pferdemäuler. Ein Widerstand wie oben beschrieben ist für die Stangenpferde nur dort angesagt, wo die Stangenpferde zu schnell und zu früh herumtreten.

Wie beim Zweispänner soll eine Rechtumkehrtwendung niemals auf der Straße gefahren werden, höchstens auf einem entsprechend großen Platz. Die rechte Vorderleine wird zweimal zu einer Schleife unter den linken Zeigefinger herangeholt. Die Führung der Stangenpferde erfolgt durch ein Ausweichen der Hand nach links oder rechts, je

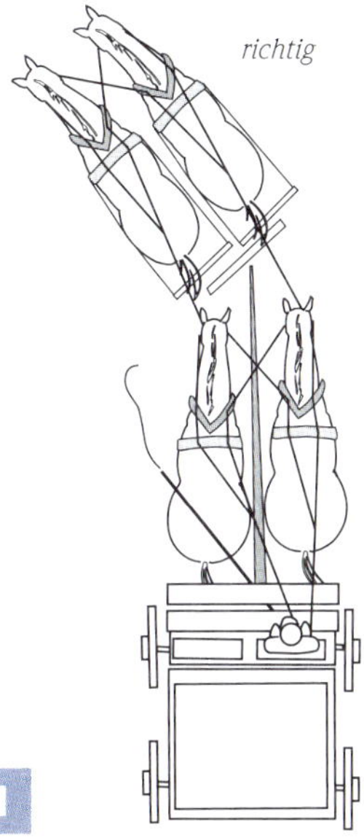

1

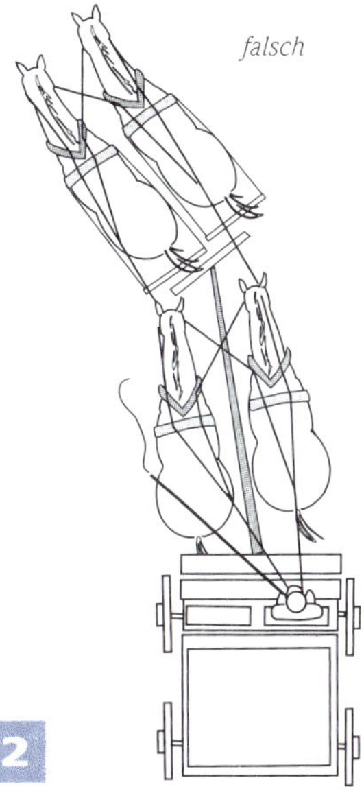

2

Linkswendung

1. Die korrekt gefahrene Linkswendung mit genügend groß gelegter Schleife.
2. Die Außenstellung der Vorderpferde ist Folge einer zu gering gelegten Schleife.

3. Führung der Stangenpferde in die Linkswendung.

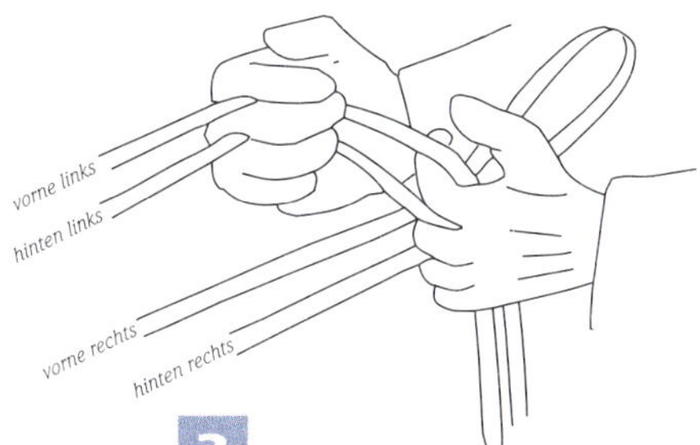

3

nachdem wie schnell die Stangenpferde den Wagen in die Wendung ziehen. Notwendig wird vor der Einleitung der Kehrtwendung ein Verkürzen der vier Leinen, das nach der Wendung durch Verlängern der Leinen wieder aufgehoben wird.

Das Rückwärtsrichten

Eingeleitet wird das Rückwärtsrichten durch ein Verlängern der Vorderleinen, damit die Vorderpferde nur lose in den Strängen stehen.

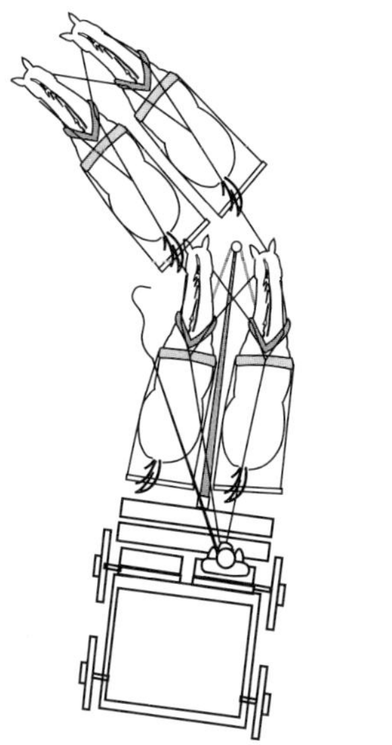

In den Wendungen muß das innere Stangenpferd auf „Luke" gehen.

Dann werden alle vier Leinen verkürzt und beide Pferdepaare getrennt und gleichzeitig zum Rückwärtstreten veranlaßt. Hierzu geht der Fahrer zunächst mit der linken Hand auf beiden Leinen vor wie zum Leinenverkürzen, dann faßt er die Hinterleinen mit der rechten Hand und kann so auf beide Pferdepaare getrennt einwirken. Die gerade Deichselstellung vor dem Rückwärtsrichten und ein gerades Rückwärtstreten der Pferde sind zu beachten. Das Ende des Rückwärtsrichtens wird durch eine nachgebende Hilfe in Richtung des Pferdemauls ausgeführt, dann die vorher verkürzten Leinen verlängert. Eine Hilfe kann dabei auch die Benutzung der Bremse sein.

Das Ineinandergreifen der Hilfen für die Leinengriffe und besonders die Wendungen muß am Fahrlehrgerät eingehend geübt werden, damit das Gespann von Anfang an beim Fahren keine falschen Hilfen erhält.

Anspannen, Leinenaufnehmen und Aufsitzen

Das Aufschirren der Pferde für das Viererzugfahren erfolgt in derselben Weise wie beim Zweispänner. Die Hinterleinen werden bei den Stangenpferden angelegt und eingezogen, die Vorderleinen bei den Vorderpferden zurechtgemacht.

Beim Anspannen werden die Stangenpferde wie beim Zweispänner an den Wagen gebracht und angespannt, die Vorderpferde stehen an der Hand eines Beifahrers vor den Stangenpferden. Danach wird der Vorhang, die Vorderbracke, eingehängt und gesichert. Nun werden zuerst die Leinen der Vorderpferde durch die Leinenführungsringe an den Kopfgestellen und auf den Kammdeckeln der Stangenpferde gezogen, zusammengeschnallt und unter die Oberblattstrippe des linken Stangenpferdes gesteckt. Sie liegen über den Leinen der Stangenpferde. Erst dann werden die Vorderpferde in derselben Reihenfolge angespannt wie die Stangenpferde. Ein Beifahrer bleibt während des gesamten Einspannvorgangs bei den Vorderpferden stehen.

Sind genügend Hilfskräfte vorhanden, so kann der Fahrer oder ein Helfer die linke und ein Helfer die rechte Seite des Gespanns beim Anspannen übernehmen, während der zweite Beifahrer bei den Vorderpferden steht.

Der Fahrer überprüft das gesamte Gespann von allen Seiten, die Vorderpferde und die Stangenpferde werden bei leichter Anlehnung an die Stränge gestellt, das Gespann ist fertig zum Aufnehmen der Leinen durch den Fahrer.

Das Aufnehmen der Leinen erfolgt neben dem linken Stangenpferd in folgender Weise:

1. Vorderleinen hinter der Ober-

In original ungarischer Anspannung im Kegelwald.

blattstrippe hervorziehen und Leinenenden so über den linken Arm legen, daß das Leinenende nicht auf den Boden kommt.
2. Hinterleinen hinter der Oberblattstrippe hervorziehen und über den linken Unterarm legen.
3. Hinterleinen wie beim Zweispänner mit Abmessen der Leinen aufnehmen, der linken Hand übergeben, daß der Mittelfinger zwischen den Leinen liegt.
4. Vorderleinen in derselben Weise aufnehmen wie Hinterleinen, das Abmessen erfolgt mit Hilfe der Nahtstellen, indem das Ansatzstück der linken Vorderleine 5 cm über das der rechten Leine hinausgezogen wird.
5. Vorderleinen entsprechend dem Stand der Vorderpferde an den Ortscheiten verlängern oder verkürzen.
6. Übergabe der Vorderleinen in die linke Hand, der linke Zeigefinger liegt zwischen den Leinen, die Grundhaltung ist hergestellt.
7. Einstellung der Leinen in der Länge entsprechend des Wagentyps, dies erfordert einige Übung, damit die Leinen in der Länge passen.
8. Aufsitzen wie beim Zweispänner, Aufnehmen der Peitsche, Feinab-stimmung der Leinenlänge durch Verkürzen oder Verlängern.

Vor dem Anfahren sitzen die beiden Beifahrer auf, der bei den Stangenpferden stehende auf dem Bock neben den Fahrer, der bei den Vorderpferden stehende Beifahrer sitzt hinten im Wagen.

Das Absitzen erfolgt in der genau umgekehrten Reihenfolge wie das Aufsitzen, zuerst der Beifahrer, der an die Vorderpferde geht, dann der zweite Beifahrer, dann der Fahrer. Die Leinen werden hinter der Oberblattstrippe versorgt, daß sie ohne Schwierigkeiten wieder herausgezogen werden können.

Da

Fahren von Dressuraufgaben

Beurteilt wird wie bei den Fahrerwettbewerben der Kategorie C ausschließlich das Können der Teilnehmer, jedoch müssen die Gespanne den Anforderungen der betreffenden Klasse entsprechen. Die Richter haben die Möglichkeit, einen Gespannwechsel vorzunehmen, wenn ein Gespann durchaus für die Prüfung nicht geeignet ist.

Die Anforderungen für das Fahren in Dressurprüfungen sind im Aufgabenheft der FN hinreichend erläutert, es sollen die wesentlichen Punkte der Beurteilung hier kurz erläutert werden:

- korrekter Sitz des Fahrers mit korrekter Anwendung der Hilfen nach Achenbach einschließlich des Peitscheneinsatzes,
- genaue Einhaltung der Hufschlagfiguren,
- gleichmäßiges Ziehen der Pferde, Einhaltung der geforderten Tempi im Trab,
- die Übergänge weich und ohne Stockung fahren,
- Tempo- und Gangartwechsel immer an den angegebenen Punkten, wenn die Pferdeköpfe sie erreichen,
- Wendungen, Zirkel und Volten

ahren von Dressuraufgaben

Die Aufgaben

Für die praktische Prüfung des Fahrerabzeichens Klasse III in Bronze und des Deutschen Fahrerabzeichens Klasse II in Silber ist das Fahren einer Dressuraufgabe Klasse A bzw. Klasse L vorgeschrieben.

in richtiger Stellung und Biegung,
- konstante Anlehnung der Pferde,
- maßvoller Einsatz der Peitsche und der Bremse.

Im Gegensatz zu den Dressurprüfungen für Fahrpferde im Turniersport kann die zu fahrende Aufgabe von einem Beifahrer vorgelesen werden, einer der Prüfer wird auf dem Bock mitfahren, der zweite die Prüfung vom Rand des Platzes aus beurteilen.

Dressuraufgabe Klasse A

Als Aufgabe wählen wir hier die Dressuraufgabe für Fahrpferde Klasse A - Aufgabe FA2 - aus dem Aufgabenheft der FN.

In der Aufgabe sind die besonders an das Gespann zu stellenden Anforderungen hinsichtlich Raumgriff, Takt, Schwung, Genauigkeit der Figur, Stellung, Übergänge, ruhiges gerades Stehen bei den Beurteilungen bereits angegeben.

Darüber hinaus ist zu achten auf die folgenden Punkte, die als Mängel zu bezeichnen sind:
Nicht rechtzeitiges bzw. zu spätes Abwenden zum Einfahren auf die Mittellinie, neben der Mittellinie einfahren, Halten vor oder nach X. Anfahren im Trab über Schritt,

Dressuraufgabe für Fahrpferde Klasse A - Aufgabe FA2 - Aufgabenheft 1994 der FN
(Die Ziffern entsprechen der Skizze, nicht den Lektionen entsprechend dem Aufgabenheft.)

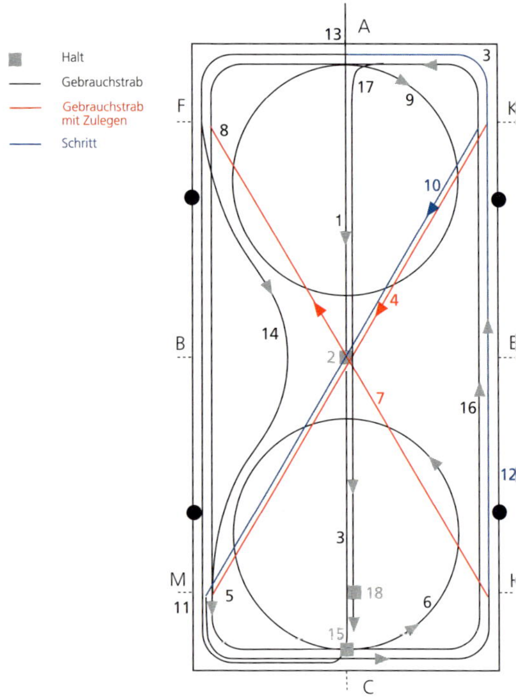

1	*A - X*	*Einfahren im Gebrauchstrab*
2	*X*	*Im Mittelpunkt Halten, Grüßen*
3	*X-C-M-F-K*	*Anfahren im Gebrauchstrab*
4	*K-X-M*	*Gebrauchstrab mit Zulegen*
5	*M*	*Gebrauchstrab*
6	*C*	*Volte, 30 m*
7	*H-X-F*	*Gebrauchstrab mit Zulegen*
8	*F*	*Gebrauchstrab*
9	*A*	*Volte, 30 m*
10	*K-X-M*	*Schritt*
11	*M*	*Gebrauchstrab*
12	*H-K-A*	*Schritt*
13	*A*	*Gebrauchstrab*
14	*F-M*	*Einfache Schlangenlinie, 10 m Abstand vom Hufschlag*
15	*C*	*Halten, 10 sec. Stehen*
16	*C*	*Im Gebrauchstrab anfahren*
17	*C-H-K-A-X-G*	*Gebrauchstrab auf die Mittellinie abwenden*
18	*G*	*Halten, Grüßen*
19		*im Gebrauchstrab die Bahn verlassen*

ungleiches Anziehen der Pferde, Außenstellung der Pferde beim Abwenden auf den Hufschlag.

Beim Zulegen nur Eiligerwerden, keine Rahmenerweiterung der Pferde erreichen, Verlust der Anlehnung.

Harte Parade beim Zurückführen zum Gebrauchstrab.

Die Volte nicht am Punkt ansetzen und Wiederankommen.

Bei der Parade zum Schritt harte Handeinwirkung, zuviel Bremseneinsatz mit schleifenden Rädern.

Die Schlangenlinie in zu flachem oder zu steilem Bogen fahren.

Umstellung nicht kurz vor der Linie E - B mit einer Pferdelänge geradeaus fahren.

Beim Halten harte Handeinwirkung oder auslaufende Parade, zu kurzes, aber auch zu langes Stehen.

Anfahren über Schritt, deutliche Stimm- oder Peitschenhilfe.

Beim Einfahren nicht rechtzeitiges bzw. zu spätes Abwenden, Fahren neben der Mittellinie, Halten vor oder nach G.

Dressuraufgabe Klasse L

Als Aufgabe wählen wir hier die Dressuraufgabe für Fahrpferde Klasse L - Aufgabe FL1 - aus dem Aufgabenheft der FN.

In der Aufgabe sind die an das Gespann zu stellenden Anforderungen für die Beurteilung bereits angegeben. Es sind dies dieselben Beurteilungskriterien wie in der Dressuraufgabe FA2, wie sie dort beschrieben sind. Hier seien sie nochmals zusammengefaßt:

Dressuraufgabe für Fahrpferde Klasse L - Aufgabe FL1
Aufgabenheft 1994 der FN
(Die Ziffern entsprechen der Skizze, nicht den Lektionen entsprechend dem Aufgabenheft.)

1	*A - X*	*Einfahren im Gebrauchstrab*
2	*X*	*Halten, Grüßen*
3	*X-C-M-F*	*Gebrauchstrab*
4	*F - K*	*Versammelter Trab*
5	*K-X-M*	*Starker Trab*
6	*M-C-H*	*Versammelter Trab*
7	*H-X-F*	*Starker Trab*
8	*F*	*Versammelter Trab*
9	*A - C*	*Auf die Mittellinie im versammelten Trab abwenden*
10	*C*	*Linke Hand*
11	*H-X-F-A*	*Schritt am Gebiß*
12	*A -E*	*Gebrauchstrab*
13	*E-B-E*	*Mittelzirkel (40m)*
14	*C-M-X-K-A*	*Schritt am Gebiß*
15	*A - B*	*Gebrauchstrab*
16	*B-E-B*	*Mittelzirkel (40m)*
17	*C*	*Halten, 10 Sekunden stehen*
18		*3 m rückwärtsrichten, im versammelten Tempo anfahren*
19	*C-H-K*	*Versammelter Trab*
20	*K-A-G*	*Gebrauchstrab, auf die Mittellinie abwenden*
21	*G*	*Halten, Grüßen*
22		*Im Gebrauchstrab die Bahn verlassen*

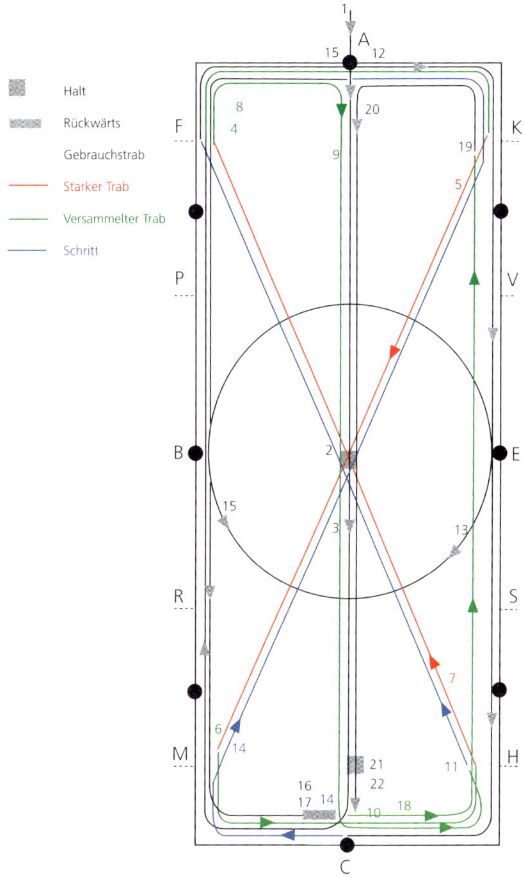

Raumgriff, Taktreinheit, Schwung im Trab.
Stellung und Biegung in den Wendungen, Zirkeln und Volten.
Taktreinheit und Fleiß im Schritt.
Genauigkeit der verlangten Figuren an den vorgeschriebenen Punkten.
Durchlässigkeit und korrekte Anlehnung während der gesamten Aufgabe, willige Annahme der Hilfen, natürliche Aufrichtung.
Korrekter Sitz des Fahrers, richtige Handhabung der Leinen und der Peitsche, Genauigkeit der Hufschlagfiguren.

Die in dieser Aufgabe besonders zusätzlich zur Aufgabe FA2 noch möglichen Mängel seien erwähnt: Mangelnder Unterschied der Trabtempi Gebrauchstrab - Starker Trab und Gebrauchstrab - Versammelter Trab.
Harte oder schleifende Übergänge vom starken zum versammelten Trab.
Beim Halten vor dem Rückwärtsrichten nicht beide Pferde in Anlehnung und nicht auf vier Beinen stehend.
Rückwärtsrichten mit Widerstand oder zögernd oder übereilt, nicht im Zweitakt, nach dem Rückwärtsrichten nicht sofort anfahren.

Die Lehre vom Pferd

Beurteilung und Haltung.

- Körperteile.
- Alter.
- Grundgangarten.
- Farben und Abzeichen.
- Pferdezucht.
- Pferdehaltung.
- Pferdepflege.
- Geschirrpflege.
- Krankheiten und Verletzungen.

Körperbau, Knochengerüst und Muskulatur

blau: Rumpfstrecker und Rumpfbeuger

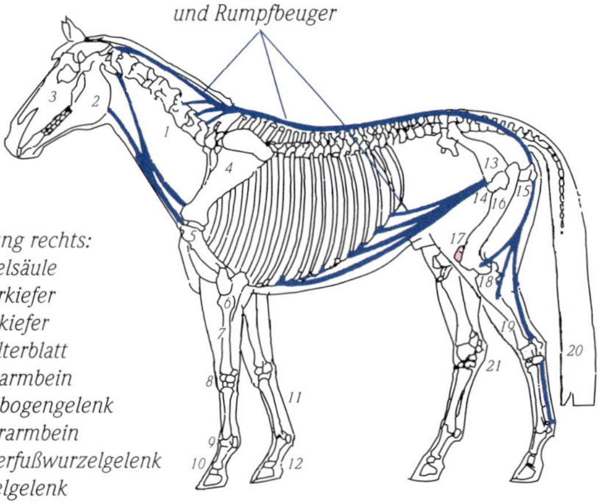

Zeichnung rechts:
1. Wirbelsäule
2. Unterkiefer
3. Oberkiefer
4. Schulterblatt
5. Oberarmbein
6. Ellenbogengelenk
7. Unterarmbein
8. Vorderfußwurzelgelenk
9. Fesselgelenk
10. Krongelenk
11. Griffelbein
12. Hufgelenk
13. Darmbein
14. Hüftgelenk
15. Sitzbein
16. Oberschenkelbein
17. Kniescheibe
18. Kniegelenk
19. Unterschenkelbein
20. Sprunggelenk
21. Fersenbein

Zeichnung unten:
1. Schopf
2. Genick
3. Nasenrücken
4. Ganaschen
5. Kehlgang
6. Bugspitze
7. Oberarm
8. Unterarm
9. Ellbogenhöcker
10. Fesselkopf
11. Fesseln
12. Köten
13. Schlauch (Wallache/Hengste)
14. Kastanie
15. Knie
16. Sprunggelenk
17. Hüfte
18. Oberschenkel
19. Lende
20. Schweif
21. Kruppe
22. Sattellage
23. Widerrist
24. Mähnenkamm
25. Röhren
26. Hufkrone
27. Hanken = Gelenkgruppe:
28. Dampfrinne
29. Schulter
30. Flanke

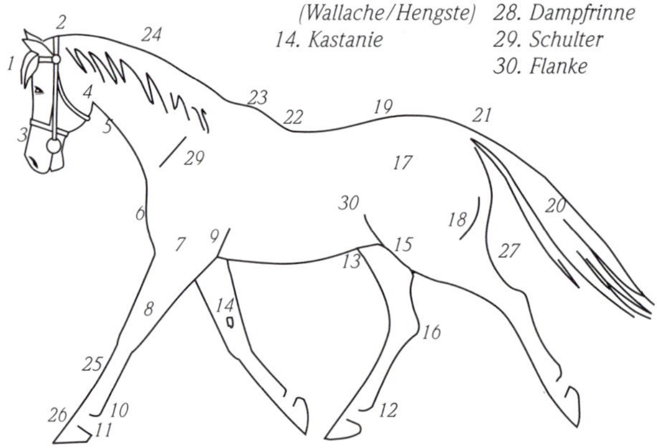

Körperteile

In welche Teile teilt man den Pferdekörper ein?
Vorhand, Mittelhand und Hinterhand.

Was gehört zur Vorhand?
Kopf, Hals, Brust, Vorderbeine.

Was gehört zur Mittelhand?
Widerrist, Rücken, Bauch.

Was gehört zur Hinterhand?
Kruppe, Hinterbeine, Schweif.

Was gehört zu den Vordergliedmaßen?
Schulter, Oberarm, Unterarm, Mittelfuß, Fessel, Krone, Huf mit den dazugehörigen Gelenken.

Was muß der Fahrer über Knochengerüst und Muskulatur wissen?
Siehe Schaubild links.

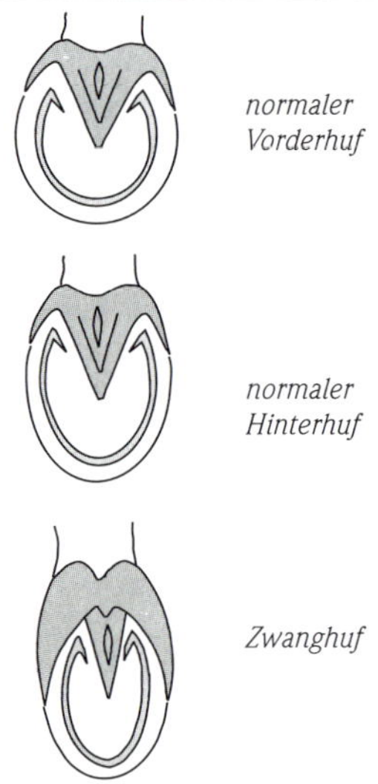

Wie heißen die Gelenke, die die Vordergliedmaßen verbinden?
Schulter(Bug)gelenk, Ellenbogengelenk, Vorderfußwurzel(Karpal)gelenk, Fesselgelenk, Kronengelenk, Hufgelenk.

Was gehört zu den Hintergliedmaßen?
Beckengürtel, Oberschenkel, Unterschenkel, Mittelfuß, Fessel, Krone, Huf.

Wie heißen die Gelenke, die die Hintergliedmaßen verbinden?
Hüftgelenk, Kniegelenk, Sprunggelenk, Fesselgelenk, Kronengelenk, Hufgelenk.

Wie heißen die äußeren Teile des Hufes?
Hufkrone, Hufwand, Hufsohle mit Strahl.

Wie heißen die verschiedenen Wirbel des Pferdes und wieviel gibt es davon?
7 Halswirbel, 18 Rückenwirbel, 6 Lendenwirbel, 5 Kreuzwirbel, 18 bis 21 Schweifwirbel.

Wie bezeichnet man die Teile des Kopfes?
Genick, Ohren, Schopf, Stirn, Auge, Nasenrücken, Nüster, Maul, Lefzen, Kinngrube, Jochleiste, Backe, Kehle, Ganasche.

Das ideale Fahrpferd

Auf welche Merkmale sollte man beim Fahrpferd besonders achten?

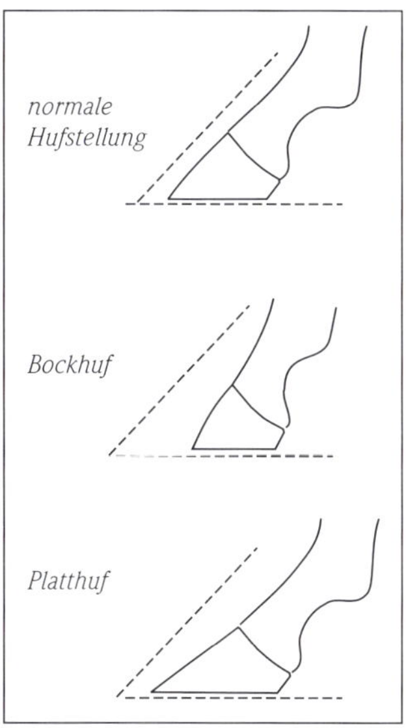

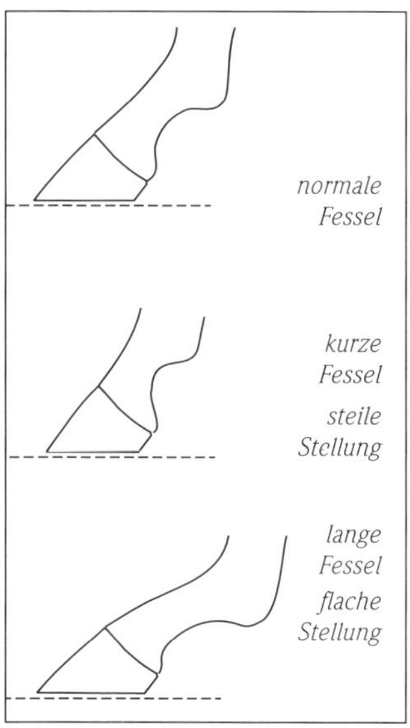

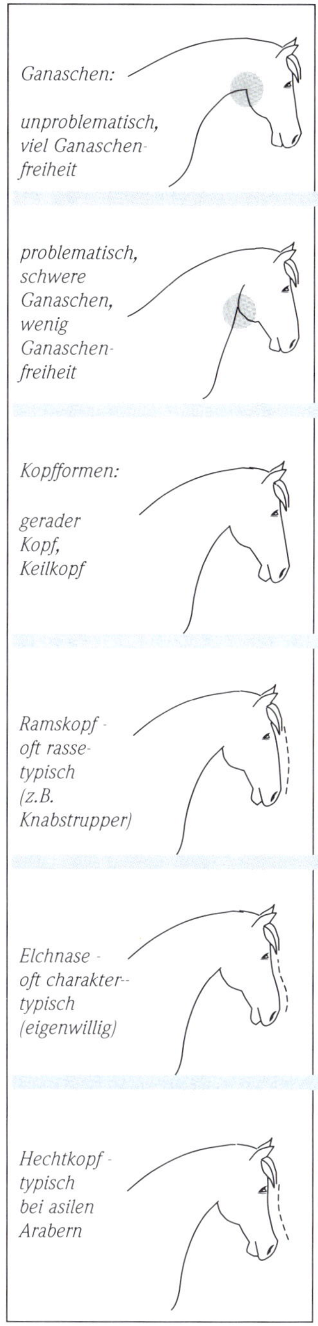

Ausgeglichenheit des Körpers, korrekte Stellung, gute Bemuskelung, natürlicher Vorwärtsdrang, guter Charakter.

Welchen Einfluß hat die Ganasche?

Ein weiter Kehlgang bewirkt leichteres Nachgeben des Pferdes in der Ganaschengegend, was für die Beizäumung von Wichtigkeit ist und die Durchlässigkeit leichter macht.

Wie soll der Hals des Pferdes beschaffen sein?

Er soll im Verhältnis zum Gesamtkörper die nötige Länge haben, sich harmonisch vom Kopf zum Rumpf verjüngen und die richtige Aufrichtung haben.

Wie soll die Schulter des Pferdes beschaffen sein?

Sie soll schräg liegen und lang sein. Die schräge Schulter gewährleistet in allen Gangarten guten Raumgriff. Bei einer steilen Schulter sind die Bewegungen von Natur aus begrenzt.

Wie heißt der Übergang vom Hals zum Rücken?

Widerrist.

Wie soll der Widerrist beschaffen sein?

Er soll mittelhoch und lang sein, er ermöglicht in Verbindung mit der

Schulter einen guten Ansatz von Muskulatur.

Wie soll der Rücken des Pferdes beschaffen sein?

Er soll in der Länge in einem harmonischen Verhältnis zum Gesamtrahmen des Pferdes stehen, für das Fahrpferd wird ein Rechteckformat des Pferdes bevorzugt. Ideal ist zudem ein Rücken, der hinter dem Widerrist eine leichte Senkung zeigt. Der Rücken als Verbindung der Vorder- und der Hinterbeine soll schwingen können und nicht fest sein.

Ein zu kurzer Rücken schwingt weniger, die Hinterhand wird weniger untertreten können.

Ein zu langer Rücken birgt die Gefahr, daß die Hinterhand nicht genügend aktiviert werden kann und die Bewegung nach hinten geht.

Fehlstellungen des Rückens sind Karpfenrücken, Senkrücken, gerader Rücken.

Wie heißen die Körperpartien des Pferdes, die sich nach hinten an den Rücken anschließen?

Nieren- oder Lendenpartie und Kruppe.

Wie soll die Nierenpartie beschaffen sein?

Sie soll breit und gut bemuskelt sein. Ihre Länge muß im Verhältnis zum Gesamtkörper stehen. Eine zu lange Nierenpartie erschwert das Schwingen des Rückens.

günstige Kruppe — *abgeschlagene Kruppe: meist unproblematisch, manchmal rassetypisch* — *gerade Kruppe: kann Rückenprobleme mit sich bringen*

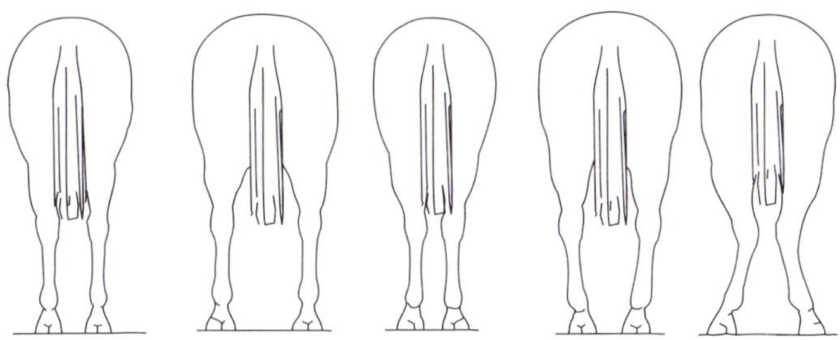

normal — *weit* — *eng Gefahr des Streifens* — *faßbeinig* — *kuhhessig ungleiche Belastung der Gelenke*

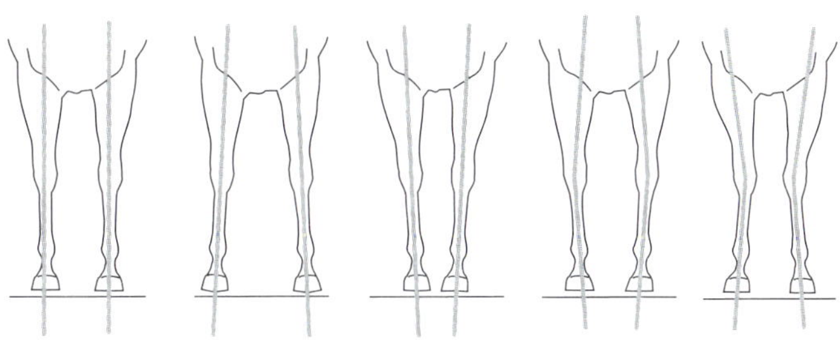

normal Senkrechte Achse durch die Gelenke — *bodenweit* — *bodeneng (ohne Achsenknick)* — *knieweit* — *knieeng (mit Achsenknick) stärkere/ungleiche Belastung der Gelenke steile Schulter: oft mit tiefem Halsansatz verbunden.*

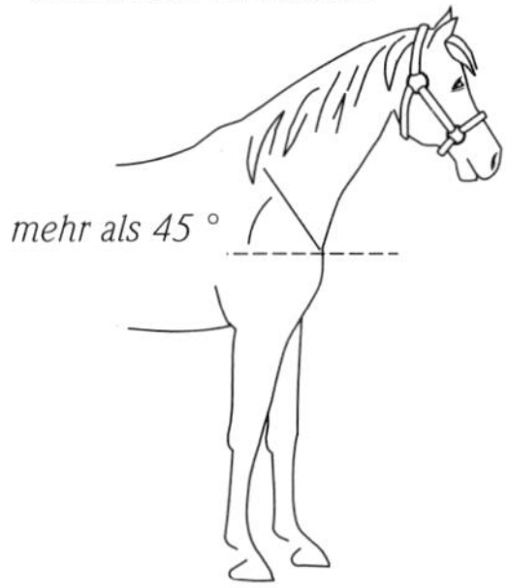

gute Schulter

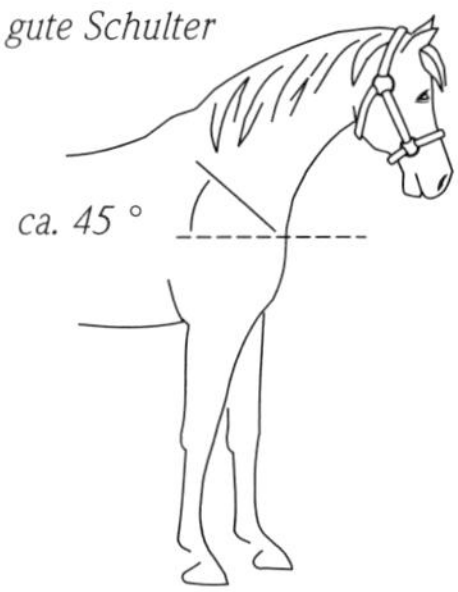

starker Unterhals (Hirschhals), gerade Oberlinie, oft mit steiler Schulter verbunden, kann aber auch auf fehlerhafte Ausbildung hinweisen

guter Hals mit langer gebogener Oberlinie

Wie soll die Kruppe beschaffen sein?
Sie soll lang und breit und nach hinten sanft abgerundet und abfallend sein. Sie soll gut bemuskelt sein und harmonisch in die Bemuskelung des Oberschenkels, die Hosen, übergehen. Weniger günstig sind eine flache und eine abgeschlagene Kruppe. Von Nachteil ist auch eine hohe Kruppe, bei der das Pferd hinten höher wirkt als in der Widerristhöhe, es erweckt den Eindruck, immer auf der Vorhand zu gehen.

Wie soll der Schweif des Pferdes beschaffen sein?
Er soll gerade getragen werden und nicht eingeklemmt sein.

Wie soll das Sprunggelenk beschaffen sein?
Es soll breit, ausdrucksvoll und trocken sein. Es muß ohne Absatz in Unterschenkel und Mittelfuß (Schiene) übergehen. Die Winkelung soll nicht zu stark sein, klar gezeichnet, aber auch nicht zu gestreckt. Gallen einschließlich Piephacken sind unerwünscht, knöcherne Auftreibungen wie Spat führen zur Gebrauchsminderung bis zu Unbrauchbarkeit.

Wie sollen die Fesseln des Pferdes ausgeprägt sein?
Sie sollen mittellang sein und in Stärke und Winkelung zu Vorder- und zu Hinterbein passen. Kurze steile Fesseln sind unerwünscht, führen oft zum frühen Verbrauch des Pferdes, zu lange Fesseln erschweren die Bewegung und beanspruchen die Sehnen in erhöhtem Maße.

Zähne und Alter des Pferdes

Wieviel Zähne hat ein ausgewachsenes Pferd?
Stuten 36, Hengste und Wallache 40 Zähne.

Welche Arten von Zähnen gibt es?
Schneidezähne, Backenzähne. Bei Hengsten und Wallachen gibt es zusätzlich Hakenzähne.

Woran erkennt man das Alter des Pferdes?
An den Zähnen. Die Schneidezähne wechseln im Alter von 2 bis 5 Jahren, die Kunden - Vertiefungen in den Schneidezähnen - verschwinden durch Abrieb der Zähne im Unterkiefer zwischen 5 und 9 Jahren, im Oberkiefer zwischen 9 und 12 Jahren. Zudem ändert sich die Form der Schneidezähne von längsoval (bis ca. 9 Jahre) über dreieckig (bis ca. 20 Jahre) zu queroval (über ca. 20 Jahre).
Im Alter von 9 Jahren erscheint am oberen Eckzahn der Einbiß, eine Einkerbung, die mit ca. 16 Jahren noch einmal auftreten kann.

Die Veränderung der Schneidezähne und Änderung der Stellung der Schneidezähne bei unterschiedlichem Alter.

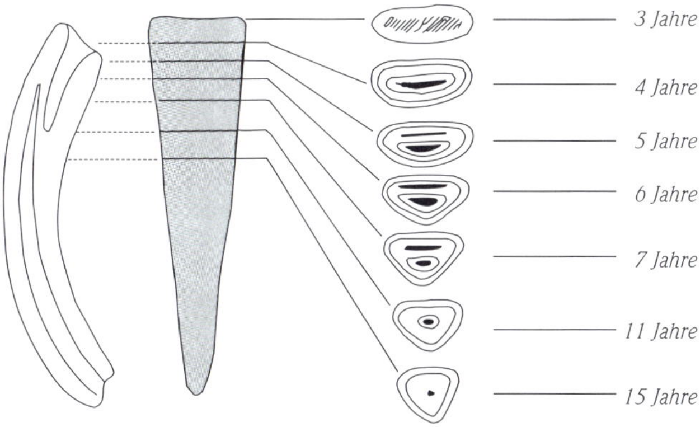

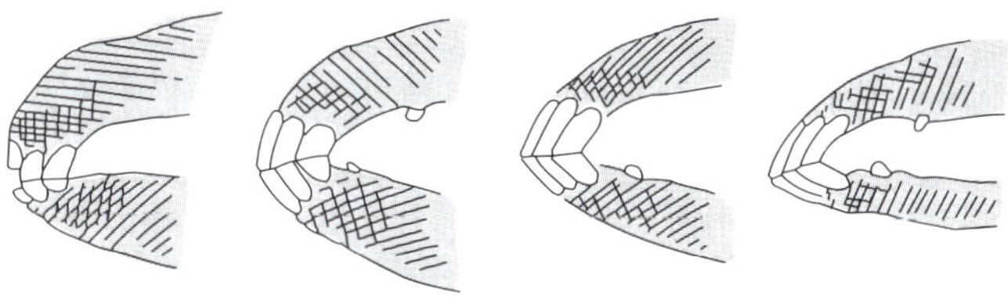

GANGARTEN

Grundgangarten

Wie heißen die Grundgangarten des Pferdes?
Schritt, Trab und Galopp, bei einzelnen Rassen kommen noch Pass und Tölt hinzu.

Wie ist der Schritt zu beschreiben?
Er ist eine schreitende Bewegung im Viertakt. Die Fußfolge ist: linker Hinterfuß - linker Vorderfuß - rechter Hinterfuß - rechter Vorderfuß.

Wie ist der Trab zu beschreiben?
Er ist eine schwungvolle Bewegung im Zweitakt, die jeweils diagonalen Beinpaare werden gleichzeitig bewegt. Die Fußfolge ist: linker Hinterfuß und rechter Vorderfuß - rechter Hinterfuß und linker Vorderfuß - mit einer deutlichen Schwebephase zwischen den Fußfolgen.

Wie ist der Galopp zu beschreiben?
Er ist eine Bewegung im Dreitakt mit schwungvollen Sprüngen. Man unterscheidet nach der Fußfolge Links- und Rechtsgalopp.
Beim Linksgalopp ist die Fußfolge: rechter Hinterfuß - linker Hinterfuß und rechter Vorderfuß - linker Vorderfuß und nachfolgend freie Schwebephase.

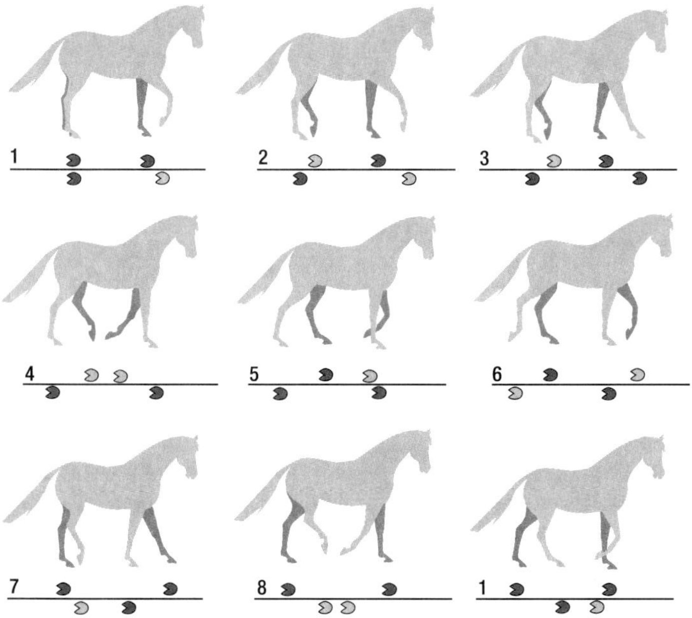

Der Bewegungsablauf im Schritt

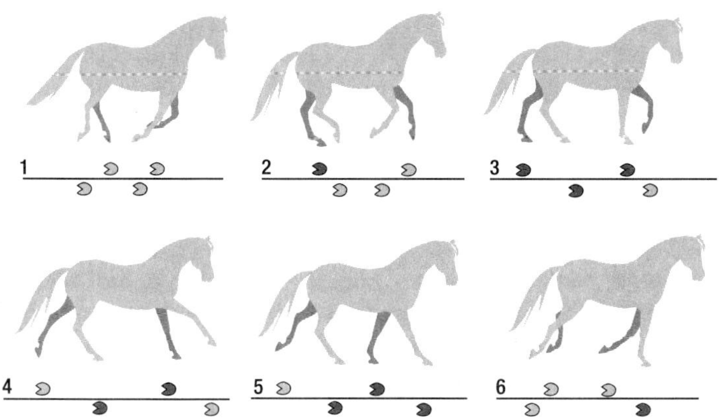

Der Bewegungsablauf im Galopp

Welche Gangmaßunterschiede werden bei den Gangarten unterschieden?

Schritt: Mittelschritt, Starker Schritt, Versammelter Schritt.

Trab: Gebrauchstrab, Gebrauchstrab mit Zulegen, Mitteltrab, Starker Trab, Versammelter Trab.

Galopp (beim Reitpferd): Arbeitsgalopp, Mittelgalopp, Starker Galopp, Versammelter Galopp.

Welche Gangarten und Gangmaße werden beim Fahrpferd verlangt?

Im Schritt der Mittelschritt, im Trab der Gebrauchstrab, der Starke Trab und der Versammelte Trab, beim Hindernisfahren ist die Gangart beliebig, also auch Galopp zugelassen, innerhalb der Strafzonen bei Geländetrabstrecken ist die Gangart ebenfalls beliebig.

Farben

Farben und Abzeichen

Welche Farbtöne gibt es unter den Pferden?

Es gibt braune, schwarze, weiße, isabellenfarbene Pferde und solche, die man als Falben bezeichnet. Außerdem gibt es gescheckte Pferde. Bei Pferden mit brauner Haarfarbe unterscheidet man Braune und Füchse.

Woran erkennt man einen Braunen?

Die Farbe des Rumpfes mit dem Kurzhaar ist braun mit Spielarten von hellbraun, braun, dunkelbraun bis schwarzbraun. Das Langhaar mit Mähne und Schweif ist schwarz.

Woran erkennt man einen Fuchs?

Die Farbe des Rumpfes und die Gliedmaßen sind rotbraun mit Abstufungen von dunkelrotbraun bis semmelfarben. Die Mähne und der Schweif sind in der Farbe des Rumpfes oder heller bis weiß. Je nach der Farbzusammensetzung spricht man von Dunkelfuchs, Rot-fuchs, Lehmfuchs, Kohlfuchs, Hell-fuchs, Schweißfuchs oder von Lichtfuchs.

Woran erkennt man einen Rappen?

Rumpf, Beine und Langhaar sind einheitlich schwarz.

Wie nennt man ein weißes Pferd?

Schimmel. Sie werden nicht weiß, sondern als Braune, Füchse oder Rappen geboren und werden im Laufe der ersten Lebensjahre ganz oder teilweise weiß. Auch die Mähne und der Schweif können weiß werden. Je nach Geburtsfarbe, Weißtönung und eingesprengelten andersfarbigen kleinen Flecken spricht man von Schwarz-, Braun-, Fuchsschimmeln oder Apfel- und Fliegenschimmeln.

Wie sehen Isabellen aus?

Sie haben am Rumpf eine gelbliche Farbe, Mähne und Schweif haben

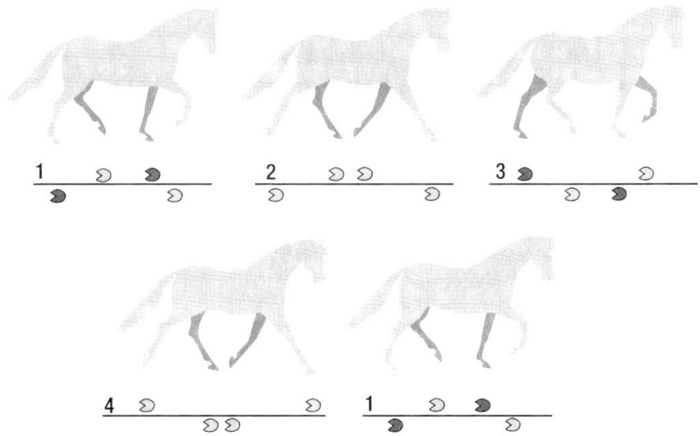

Der Bewegungsablauf im Trab

Die Beschreibung von Farbabzeichen am Kopf

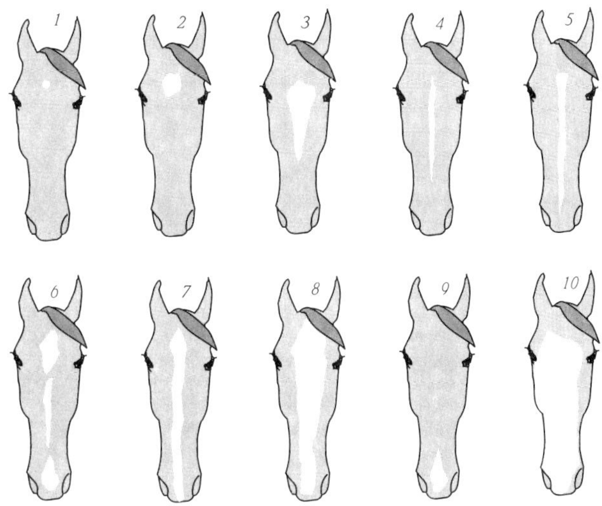

1 Flocke = Fl. 2 Stern = St.
3 Keilstern = Keilst.
4 Strich = Str.
5 Schnurblesse = Schnurbl.
6 unregelmäßiger Stern mit Strich und Schnippe = unreg.St.m.Str.u.Schn.
7 durchgehende Blesse = dgd.Bl.
8 Unreglmäßige breite Blesse = unreg.br. Bl.
9 Schnippe = Schn.
10 rechtsseitige Laterne mit in rechte Nüster reichende rechts durchgehende Blesse = rechtss. Lat. m.i.re.Nüst.reich.re. dgd. Bl.

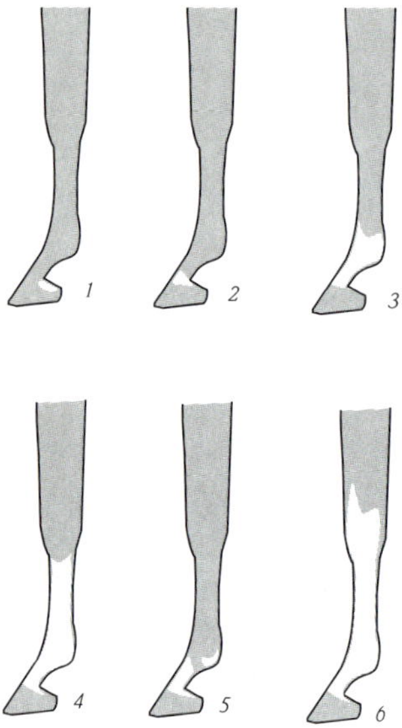

Die Beschreibung von Farbabzeichen an den Beinen:
1. linker Vorderballen weiß = l.Vbln.w.
2. rechte Vorderkrone innen weiß = r.Vkr.i.w.
3. linker Vorderfuß weiß = l.Vf.w.
4. rechter Vorderfuß unregelmäßig hoch weiß = r.Vf.unreg.h.w.
5. linke Vorderfessel weiß, außen Kronrandflecke, Kötenfleck =lVfsl.w.,auß.Kr.fl, Kötenfl.
6. rechtes Vorderbein innen unregelmäßig hoch weiß = r.Vb. i.unreg.h.w.

die gleiche Farbe oder können hellfarbiger sein.

Wie sehen Falben aus?

Die Farbe ihres Rumpfes kann von gelblich bis grau sein. Das Langhaar ist jedoch schwarz. Außerdem haben sie einen sich auf dem Rücken entlangziehenden sogenannten Aalstrich, der schwarzbraun getönt ist.

Was versteht man unter Schecken?

Ein Pferd, das in seinem Fell größere und unregelmäßige weiße Flecken aufweist. Sie können auf dem ganzen Körper verteilt sein und bei Pferden aller Grundfarben auftreten. Sind die weißen Flecken meist rundlich über den ganzen Körper verteilt, so spricht man von Tigerzeichnung.

Hat die Farbe des Pferdes Einfluß auf seine Leistung?

Nein. Jeder Fahrer wird seine Pferde nach der Farbe aussuchen, die ihm am meisten zusagt, wobei bei Zwei- oder Mehrspännern gleiche Farbe am beliebtesten sind.

Wie nennt man weiße Farbgebungen, die vornehmlich am Kopf und den Gliedmaßen des Pferdes auftreten?

Abzeichen. Sie haben festgelegte Bezeichnungen und werden in den Zeichnungen erläutert.

ZUCHT

Welche Rassengruppen gibt es bei Pferden?

- Vollblutpferde
- Warmblutpferde
- Kaltblutpferde
- Ponys

Zur Rassengruppe des Vollbluts zählt man Englisches Vollblut, gekennzeichnet durch xx hinter dem Namen, das Arabische Vollblut (ox hinter dem Namen oder AV) und die Traber. Englisches Vollblut und Traber werden für den Rennsport gezüchtet. Sie kommen in der Regel als Fahrpferde für den Freizeit- und Turniersport nicht in Frage.

Wie heißen die Stammformen des heutigen Pferdes?

Tarpan und Przewalskipferd, der Tarpan ist ausgestorben, das Przewalskipferd wird in Zoos rückgezüchtet.

Wie entstanden die heutigen Warmblutpferde in Deutschland?

Die deutschen Warmblutpferde sind in ihren Anfängen aus heimischen Pferderassen und unter Einsatz von Englischem Vollblut, Arabischem Vollblut und anderen edlen Warmblutrassen, wie Neapolitanern, Andalusiern entstanden. Sie wurden einerseits für den Kavalleriedienst, andrerseits für die Arbeit in der Landwirtschaft gezüchtet.

Seit 1975 gibt es ein einheitliches Zuchtziel für das edle Warmblut, das für Reiten und Fahren gleichermaßen geeignet ist.

Für das Fahren besonders geeignet ist das Schwere Warmblutpferd, das heute vor allem in Sachsen und Thüringen gezüchtet wird.

Welche Rassen kommen bei Großpferden weiter als Fahrpferde in Betracht?

Friesen, die aus Holland stammen, Lipizzaner, die aus dem heutigen Slowenien stammen und besonders im österreichischen Bundesgestüt Piber gezüchtet werden,

Kladruber, eine Rasse, die aus der Tschechischen Republik stammt,
Orlow-Traber, eine aus Rußland kommende Rasse, die nicht zur Rassengruppe der Traber zu zählen ist.

Was wissen Sie über Kaltblutpferde?

Sie sind Arbeitspferde, die in Landwirtschaft und Gewerbe breit zum Einsatz kamen und heute zum Freizeitfahren bestens geeignet sind. In Deutschland gibt es mehrere Zuchtrichtungen:
Süddeutsches Kaltblut, die verbreiteste und gängigste Rasse,
Rheinisch-Westfälisches Kaltblut und Ostdeutsches Kaltblut, beide auf belgische Rassen zurückgehend,
Schleswiger Kaltblut, mit dänischen Pferden und englischen Rassen eng verwandt,
Schwarzwälder Füchse sind eine Rasse, die in der Größe zwischen Groß- und Kleinpferden steht,
Noriker sind eine Rasse aus Österreich, die dem Süddeutschen Kaltblut sehr nahe stehen.

Welche Ponyrassen spielen für das Fahren eine Rolle?

Haflinger, eine Rasse aus dem südlichen Alpenraum, heute in ganz Deutschland verbreitet, ausschließlich Füchse, meist mit weißem Langhaar,
Norweger oder Fjordpferde, meist Falben mit Aalstrich, die Mähne wird zur Stehmähne geschnitten,
Deutsches Reitpony, eine jüngere Rasse mit verschiedensten Zuchteinflüssen im leichteren Typ stehend,
Shetland-Ponys, die früher als Grubenponys und gerne in Gärtnereien eingesetzt wurden, heute rein für den Freizeitbereich gehalten.

Wie ist die Zucht des Pferdes in der Bundesrepublik geregelt?

Die Haltung und die Zucht der Stuten liegt, mit Ausnahme von wenigen staatlichen Hauptgestüten, in der Hand von privaten Züchtern. Sie sind zu Landespferdezuchtverbänden zusammengeschlossen. Für einige Rassen, wie Trakehner, Araber und einige Spezialzuchten gibt es Verbände auf Bundesebene. In der Hengsthaltung gibt es in einigen Bundesländern neben den privaten und genossenschaftlichen Hengsthaltungen staatliche Landgestüte, die den Züchtern die staatlichen Hengste zur Verfügung stellen. Alle Hengste müssen neben der Körung durch die Verbände eine Hengstleistungsprüfung auf Station als Eigenleistungsprüfung absolvieren, um für die Zucht zugelassen zu werden. In einigen Ländern müssen auch auch die Hengstmütter eine Eigenleistungsprüfung nachweisen. Jedes Fohlen erhält nach seiner Geburt einen Fohlenschein oder Abstammungsnachweis, der den Tag der Geburt, seine genaue Abstammung und sein Geschlecht sowie Farbe und Abzeichen bescheinigt. Alle Fohlen erhalten dabei das Verbandsbrandzeichen und eine Nummer zur Identitätssicherung auf dem linken Schenkel eingebrannt.

Brandzeichen des Deutschen Reitpferdes

- Baden-Württemberg
- Bayern
- Berlin-Brandenburg
- Hannover
- Hessen
- Holstein
- Mecklenburg-Vorpommern
- Oldenburg
- Rheinland
- Rheinland-Pfalz-Saar
- Sachsen
- Sachsen-Anhalt
- Thüringen
- Westfalen

Bundeszuchten

- Araber
- Trakehner
- Zuchtverb. f. dt. Pferde

PFERDEHALTUNG

Stall und Einstreu

Wie soll der Stall beschaffen sein?
Er soll geräumig sein, für gute Lüftung muß gesorgt, jedoch Zugluft vermieden werden. Der Stall muß hell sein, die Temperatur möglichst nicht über 15 °, im Winter nicht unter 10 ° liegen.
Als Unterbringung dient in der Regel die Boxe, die der Größe des Pferdes angemessen sein muß, in der Regel 10-12 qm, als Faustregel gilt Widerristhöhe des Pferdes x 2 für die Länge und Breite der Boxe.
Die Stallgasse soll eine Breite von 2,50 bis 3,00 m aufweisen.
Welche anderen Unterbringungsmöglichkeiten kommen noch in Betracht?
Der Anbindestall, jedoch nur, wenn die Pferde täglich ausreichend bewegt werden können; der Ständer sollte 1,60 bis 2,00 m breit sein und 3,50 bis 4,00 m lang.
Gruppenlaufstall und Offenstallhaltung sind moderne Haltungsarten, für die jedoch nicht alle Pferderassen und Nutzungsarten in Betracht kommen.
Wie soll die Boxe beschaffen sein?
Da die Pferde Herdentiere sind, sollte Blickkontakt möglich sein, dazu ist nur die untere Hälfte der Boxe voll geschlossen, oben werden zumeist Gitter angebracht, die nicht weiter als 5 - 6 cm voneinander entfernt sein sollen. Die Tür muß einerseits fest verschließbar sein, andrerseits sich aber von außen leicht öffnen lassen, um bei Gefahr die Pferde schnell herausführen zu können. Die Krippe muß in der Höhe eine Futteraufnahme ohne Heben des Kopfes zulassen, andrerseits auch nicht zu tief angebracht sein. Eine abstellbare Selbsttränke soll entgegengesetzt zur Krippe in der Boxe sein. Bei der Heuraufe wird eine Tiefraufe empfohlen, damit nicht Heublumen und Heuteile auf das Pferd herabfallen.
Welche Einstreu ist zu empfehlen?
Als Einstreu hat sich Weizenstroh bestens bewährt. Es dient gleichzeitig noch zur Rauhfutteraufnahme für das Pferd. Entweder es liegt direkt auf dem Boden auf oder es wird eine Matratze aus Sägemehl oder Torf gebildet. Das Auflockern der Einstreu soll mit einer Mistgabel erfolgen, deren Zinken abgerundet sein sollen, um Verletzungen des Pferdes zu vermeiden.
Bei Pferden, die aus dem Stroh kein Rauhfutter aufnehmen sollen, wird gerne eine reine Sägemehl- oder Schnitzelunterlage verwendet.
In jedem Falle ist ein regelmäßiges morgen- und abendliches Ausmisten notwendig, wobei zwischendurch die Pferdeäpfel entfernt werden sollen.

FUTTER

Pferdefütterung

Gesundheit und Leistungsfähigkeit des Pferdes hängen entscheidend von seiner Ernährung ab. Es gibt unter den Pferden schlechte Fresser und andere, die das aufgenommene Futter gut verwerten. Die Fütterung muß also individuell sein, sowohl in der Menge als auch der Zusammensetzung des Futters. Ebenso hängt die Fütterung von der vom Pferd verlangten Leistung ab. So muß zwischen Arbeit und Fütterung eine Wechselwirkung bestehen.
Welche Hauptgruppen von Futtermitteln unterscheiden wir?
Rauhfutter, Saftfutter, Hartfutter sowie Ergänzungsfutter und Mischfutter.
Was gehört zum Rauhfutter?
Heu und Stroh. Das geeigneste Heu ist Wiesengras aus dem 1. Schnitt, weniger geeignet ist der 2. Schnitt, Kleeheu oder Luzerneheu.

Wie soll das Heu beschaffen sein?

Es soll von grüner Farbe sein und gut riechen. Frisches Heu darf erst verfüttert werden, wenn es nach einer Lagerung von 6 - 8 Wochen durchgeschwitzt ist. Bei vorjährigem Heu sind Vitamine und Nährstoffe abgebaut und deshalb wenig geeignet. Dumpfiges und schlecht riechendes Heu führt leicht zu Koliken.

Was gehört zum Saftfutter?

Grünfutter, Gras- oder Maissilage, Möhren, Futterrüben.

Als Grünfutter werden meist gutes Wiesengras, aber auch Futterroggen und Futterhafer in der Zeit des Schossens verwendet. Das Grünfutter darf nicht warm werden, deshalb muß es täglich frisch gemäht werden. Die Menge des Grünfutters muß auf ca. 30 kg/Tag beschränkt werden. Eine ausreichende Versorgung mit Rauhfutter muß dabei gewährleistet sein.

Grassilage wird bei Pferden wegen des hohen Anteils von Eiweiß selten eingesetzt, eher schon Maissilage, deren Höchstmenge pro Tag ca. 25 kg nicht übersteigen soll.

Unter den Rüben werden Möhren besonders gerne gefressen. Sie müssen vor der Fütterung gründlich gesäubert werden. Futterrüben kommen wegen des hohen Gehalts an Wasser kaum in Betracht, die Höchstmenge der gesäuberten Rüben liegt bei 20 kg.

Was gehört zum Hartfutter?

Hafer, Gerste, Weizen, Mais, Leinsamen, Weizenkleie, Trockenschnitzel u.a.

Hafer ist immer noch das beste Getreide für Pferde. Andere Getreidearten haben bei uns kaum Bedeutung, werden aber in Mischungen des Fertigfutters eingemengt. Weizenkleie kann Hafer ersetzen und hat bei Mengen bis zu 3 kg pro Tag guten Einfluß auf die Verdauung. Bei der Verfütterung von Trockenschnitzeln und Leinsamen ist besondere Behandlung und Sorgfalt notwendig.

Trockengrün aus den Trocknungsanlagen kann als Haferersatz im Verhältnis 0,5 kg Trockengrün zu 2 kg Hafer verwendet werden.

Was ist Mash?

Es ist eine Mischung von gequetschtem Hafer, Weizenkleie und Leinsamen, die mit kochendem Wasser überbrüht und besonders bei kranken und geschwächten Pferden eingesetzt wird. Auch bei hohen Belastungen und im Haarwechsel wird das Mash gerne gefüttert.

Was versteht man unter Mischfutter?

Verschiedene Hartfutter werden von Mischfutterherstellern entsprechend den Bedürfnissen der Pferde mit Ergänzungsfutter gemischt und geschrotet angeboten. Eine genaue Deklarierung sollte angegeben sein und mit dem Rauhfutter abgestimmt werden.

Alleinfutter ist mit allen Energieträgern und Ergänzungsfuttern versehen und braucht im Regelfall keinen Einsatz von Heu, jedoch in ausreichender Menge gutes Stroh als Rauhfutterträger. Es wird in Brikett- oder Pelletform angeboten. Zu bevorzugen ist ein Futter mit möglichst viel Struktur und ohne Staubteile.

Was gehört zu den Ergänzungsstoffen?

Vitamine, Mineralstoffe und Spurenelemente. Sie sind nicht immer in ausreichender Menge im Grundfutter enthalten und müssen in Mengen von ca. 100 g/Tag zum Hartfutter beigegeben werden. Dem Arbeitsaufwand entsprechende Mineral- und Wirkstoffmischungen werden vom Handel angeboten. Lecksteine sind im allgemeinen nicht ausreichend zur Versorgung mit Ergänzungsstoffen.

Was bekommt ein Pferd täglich an Futter?

Ein Warmblutpferd bekommt bei durchschnittlicher Arbeitsleistung als Rauhfutter 5 bis 6 kg Heu, als Hartfutter 5 bis 6 kg Hafer und dazu ca. 100 g Ergänzungsfutter. Darüberhinaus nimmt das Pferd 1 bis 3 kg Stroh als Rauhfutter auf.

Wie oft wird das Pferd täglich gefüttert?

Dreimal täglich, die größte Futtermenge erhält das Pferd abends, weil es dann die längste Zeit zum Aufnehmen und Verdauen hat und das Futter am besten ausgenutzt wird.

Wie oft bietet man Pferden Wasser an, wenn keine Selbsttränken vorhanden sind?
Täglich drei- bis viermal, jeweils vor dem Füttern. Stark erhitzte Pferde dürfen erst dann getränkt werden, wenn sie wieder weitgehend trocken sind und Atmung und Puls sich beruhigt haben.

Wie soll das Wasser beschaffen sein?
Es muß frisch und klar, farb- und geruchslos sein und frei von Beimengungen. Es soll eine Temperatur von 9 bis 12 Grad Celsius besitzen.

PFLEGE

Pferdepflege

Was versteht man unter Pferdepflege?
Alles, was dazu beiträgt, das Pferd gesund und leistungsfähig zu erhalten und sein Wohlbefinden zu fördern.

Was braucht man alles für die Pferdepflege?
Striegel und Kardätsche, eine Wurzelbürste, zwei gut zu unterscheidende Schwämme, Wollappen, Hufkratzer, Huffett und einen Pinsel dazu, ferner Mähnenkamm und ein Schweißmesser zum Abziehen des Schweißes bei stark schwitzenden Pferden bzw. nach dem Abwaschen.

Was wird durch das Putzen erreicht?
Das Pferd wird sauber und es wird gleichzeitig massiert und damit die Blutzirkulation angeregt.

Wozu verwendet man den Striegel?
Die bemuskelten Körperteile werden mit dem Striegel, möglichst Gummistriegel, bearbeitet. Körperteile ohne Fleischpolster dürfen nicht mit dem Striegel bearbeitet werden, so z.B. der Kopf, Widerrist, Gelenke und Beine. In erster Linie wird er zum Abstreichen von Staub und Schmutz aus der Kardätsche verwendet.

Wozu dient die Kardätsche?
Sie ist eine aus Roßhaar gefertigte Bürste, die mit einem etwa 4 cm breiten Lederriemen versehen ist. Mit ihr wird die Hauptarbeit des Putzens bewerkstelligt.

Wie verwendet man die Kardätsche?
Das ganze Pferd wird mit der Kardätsche von vorn nach hinten in langen, ruhigen Strichen in Haarrichtung durchgebürstet. Die Kardätsche liegt dazu auf der linken Seite des Pferdes in der linken, auf der rechten Seite in der rechten Hand. Der Striegel wird dabei in der anderen Hand gehalten, nach jedem Strich mit der Kardätsche wird diese am Striegel abgestrichen, der immer wieder ausgeklopft wird.
Kardätschen können auch in Putzgeräten mit Staubsaugern verwendet werden, was im Stall weniger fliegenden Staub verursacht.

Wie pflegt man die Mähne?
Durch Bürsten mit der Wurzelbürste und Auskämmen mit dem Mähnenkamm. Erstrebenswert ist es, daß die Mähne an einer Halsseite anliegt und gleichmäßig lang, ca. 10 cm, ist. Die gleichmäßige Länge erzielt man durch Verziehen, wozu mit schnellem Ruck vorstehende Haare mit der Hand herausgezogen werden.

Wofür benützt man Lappen?
Mit dem Wollappen streicht man den letzten Staub vom Pferd und erhöht damit den Glanz des Felles.

Wozu verwendet man die Schwämme?
Mit dem einen Schwamm werden, leicht angefeuchtet, die Augen, Nüstern und die Maulspalte gesäubert, mit dem anderen Schwamm werden bei Stuten das Euter sowie allgemein After und Geschlechtsteile gereinigt.

Wie pflegt man den Schweif?
Er wird jeden Tag mit der Hand verlesen, d.h. aufgelockert und zusammenhaftende Haare voneinander getrennt. In gewissen Zeitabständen wird der Schweif mit einem milden Shampoo gewaschen. Die Länge des Schweifs sollte so sein, daß er bei getragener Schweifrübe bis knapp unterhalb des Sprunggelenks

reicht. An der Schweifrübe wird er mit der Schere so ausgeschnitten, daß die Schweifmetze gut liegen kann.

Wie reinigt man verschmutzte Beine?

Mit der Kardätsche. Bei starker Verschmutzung werden sie abgespritzt oder mit dem Schwamm abgewaschen und dann trocken gerieben. Besonders ist auf die Fesselbeuge zu achten, um Mauke zu verhindern.

Was gehört zur Pflege der Hufe?

Mit dem Hufkratzer - er darf nicht scharf angespitzt sein - werden die Innenseite, insbesondere die Strahlfurchen, ausgekratzt. Diese regelmäßige Behandlung erfolgt bei jedem Verlassen des Stalles, besonders vor dem Anspannen, jedoch auch nach dem Ausspannen, wenn auf unbefestigten Wegen gefahren wurde. Nach dem Fahren werden die Hufe mit der Hufbürste nötigenfalls gewaschen und in leicht feuchtem Zustand mit Huffett innen und außen eingefettet. Von Zeit zu Zeit wird die Hufsohle zur Verringerung der Gefahr von Infektionen mit Hufteer bestrichen.

Zur Hufpflege gehört auch der Hufbeschlag. Er darf nur durch einen erfahrenen Hufschmied erfolgen. Die Erneuerung des Beschlags ist in der Regel im Abstand von 6 bis 8 Wochen notwendig, da das Eisen dem inzwischen nachgewachsenen Huf nicht mehr entspricht.

Wie oft soll ein Pferd geputzt werden?

Täglich einmal morgens ist die Regel. Ein Nachputzen ist vor dem Anspannen gelegentlich zweckmäßig, zumindest ein Abstauben mit dem Lappen.

Wo soll ein Pferd geputzt werden?

Bei gutem Wetter möglichst im Freien, sonst auf der Stallgasse.

Wie behandelt man ein naß gewordenes Pferd?

Es herrscht der Grundsatz: Trocken aus dem Stall, trocken in den Stall!

Bei richtiger Einteilung der Arbeit läßt man die Pferde dem Ende zu genügend lange im Schritt gehen. Bleiben Feuchtigkeitsreste am Pferd zurück, besonders in den Geschirrlagen, so sind sie mit Strohwischen trocken zu reiben. Dann erfolgt ein Glattbürsten mit der Kardätsche.

Bei verschwitzten Pferden kann im Sommer auch ein volles Abspritzen des Pferdes in Frage kommen, das muß aber vorsichtig und mit dünnem nicht zu scharfem Strahl erfolgen. Zuerst muß das Pferd jedoch normale Atmung haben. Eindecken mit einer Decke nach dem Trockenreiben ist zu empfehlen.

GESCHIRRPFLEGE

Wo werden das Geschirr und die Leinen aufbewahrt?

Niemals im Stall, wegen des Stalldunstes und der Beschädigungsgefahr. Sie werden in einem eigenen Raum, der Geschirrkammer, aufbewahrt. Zum Schutz vor Staub können die Geschirre mit Tüchern oder Folien abgedeckt werden.

Wie soll die Geschirrkammer beschaffen sein?

Groß genug, daß die Geschirre auf Geschirrböcken untergebracht und die Leinen in großen Schlaufen aufgehängt werden können. Der Raum soll luftig sein und gleichmäßige Temperatur aufweisen.

Wie wird das Lederzeug gereinigt?

Sofort nach dem Gebrauch sind alle Geschirrteile, die am Pferd aufgelegen haben zu reinigen. Dies geschieht mit lauwarmem Wasser. Schmutz und Schweiß werden unter Verwendung von Sattelseife mit einem Schwamm entfernt.

Wie wird das Lederzeug gepflegt?

Das Lederzeug soll je nach Gebrauch ein- bis zweiwöchentlich vollkommen auseinandergeschnallt werden. Dann werden alle Lederteile mit Lederfett behandelt. Lacklederteile werden nur mit einem weichen Lappen behandelt.

Wie werden die Leinen behandelt?

Im Prinzip wie die Geschirrteile. Die Handenden werden nicht mit Sattelseife behandelt, da sie sonst im Regen glitschig werden können. Sie pflegt man mit einer guten Ledercreme.

Wie pflegt man die Metallteile?

Sofort nach dem Fahren werden die Gebisse und verwendete Aufhalterketten mit Wasser gereinigt. Sie müssen sorgfältig abgetrocknet werden. Alle Beschläge an den Geschirren und sonstigen Metallteile werden, dem Material entsprechend, mit normalen Haushaltsreinigungsmitteln geputzt. Für Silber- oder Goldlegierungen sind entsprechende Reinigungsmittel zu verwenden. Zum Schutz der Lederteile sind diese mit geeigneten Manschetten oder Folien abzudecken.

MEDIZIN

Krankheiten und Verletzungen

Was sind gesetzliche Fehler?

Beim Kauf von Pferden sind sechs Krankheiten des Pferdes als Hauptmängel gesetzlich festgelegt, bei deren Vorhandensein der Käufer innerhalb von bestimmten Fristen vom Kauf zurücktreten kann: Dummkoller, Periodische Augenentzündung, Rotz, Kehlkopfpfeifen, Koppen, Dämpfigkeit.

Was versteht man unter Dummkoller?

Eine unheilbare Krankheit des Gehirns, die durch eine allmählich oder akut auftretende Gehirnwassersucht entsteht.

Was ist die periodische Augenentzündung?

Eine Entzündung des inneren Auges, die plötzlich und ohne Veranlassung auftritt. Das Auge wird nicht geöffnet, starker Lichtreiz und Tränenfluß, Hornhaut leicht getrübt, Pupille verengt, es wird ein graugelbliches Sekret im Auge ausgeschieden. Nach ca. 14 Tagen lassen die Erscheinungen nach, jedoch nach 5 bis 6 Wochen wiederholen sich dieselben Erscheinungen, die schließlich zu einer völligen Zerstörung der Sehkraft des erkrankten Auges führen können. Häufig wird die Krankheit auch Mondblindheit genannt.

Was versteht man unter Rotz?

Eine durch einen Bazillus verursachte akute oder chronische ansteckende Infektion von Nase, Lunge oder Haut. Bei dieser Infektion tritt eitriger und blutiger Nasenausfluß und harte Schwellung der Lymphknoten im Kehlgang auf.

Was versteht man unter Kehlkopfpfeifen?

Die Erkrankung besteht aus einer meist einseitigen Lähmung des Kehlkopfes, die in der Regel durch eine vorausgegangene Infektionskrankheit (Druse) hervorgerufen ist. Durch Erschlaffung der Stimmbänder tritt eine Verengung der Luftröhre ein, wodurch das Pferd bei der Arbeit zu wenig Luft bekommt. Gleichzeitig entstehen im Kehlkopf Geräusche, die als das Kehlkopfpfeifen bezeichnet werden.

Was versteht man unter Koppen?

Eine Untugend des Pferdes, auch Krippensetzen bezeichnet. Das Pferd saugt Luft durch das Maul ein und preßt diese durch die Speiseröhre in den Magen. Hierbei setzt es meist mit den Zähnen auf der Krippe oder einem Vorsprung auf. Koppen führt zu Magen- und Verdauungsstörungen, auch zu Windkoliken. Abhilfe kann ein Kopperriemen bringen oder eine Operation.

Was versteht man unter Dämpfigkeit?

Eine Krankheit mit chronischen Atmungsbeschwerden des Pferdes. Die Atmungsfrequenz ist deutlich erhöht mit Blähen der Nüstern beim Einatmen und Auspressen der Luft mit der Bauchmuskulatur. Hierbei entsteht beim Ausatmen am Rippenbogen die Dampfrinne, eine längliche Vertiefung.

Wie erkennt man ein offensichtlich krankes Pferd?

Teilnahmslosigkeit oder Unruhe, mattes Auge, Liegenlassen des Fut-

Auf flotter Fahrt mit Gästen im fränkischen Seenland.

ters oder auch Schweißausbrüche, Husten können Anzeichen einer Störung des Allgemeinbefindens sein.

Welche Temperatur hat ein gesundes Pferd?

Die normale Körpertemperatur bei einem erwachsenen Pferd beträgt in der Ruhe 37,5 bis 38,0 ° Celsius im Mastdarm gemessen, am Abend geringfügig höher. Bei der Arbeit kann die Temperatur bis auf über 40 ° ansteigen und soll nach ein bis zwei Stunden Normalwert wieder erreichen. Erhöhte Temperaturwerte zeigen meist Infektionskrankheiten an.

Wie hoch ist die normale Pulsfrequenz des erwachsenen Pferdes?

Man fühlt den Puls an der unteren Seite des Unterkiefers mit den Fingerspitzen von Zeige- und Mittelfinger. Er liegt in Ruhe zwischen 30 und 44 Schlägen.

Wieviel Atemzüge macht ein gesundes Pferd in der Minute?

Im Ruhezustand sind es 10 bis 15 ruhige, gleichmäßige Atemzüge. Bei Belastung und bei Krankheiten ist die Atmung beschleunigt, sie wird dann auch an den Nüstern erkennbar.

Was versteht man unter Husten?

Er wird durch ein Virus hervorgerufen und führt zu einem ansteckenden Katarrh der Luftwege. Der Husten ist zumeist trocken und tief. Nach einigen Tagen stellt sich meist Fieber ein. International ist eine Schutzimpfung vorgeschrieben, die aus Grundimmunisierung durch zwei Impfungen und fortlaufenden einmaligen Wiederholungsimpfungen im Abstand von ca. 8 Monaten besteht. National ist sie noch nicht überall Pflicht für Turnierpferde.

Was versteht man unter Druse?

Eine Infektionskrankheit, die mit Fieber verbunden, zu einer Entzündung der Nasen- und Rachenschleimhaut und zu einer Vereiterung der im Rachenraum liegenden Lymphknoten führt. Die Nase des Pferdes sondert zunehmend ein eitriges Sekret ab. Kann zu Kehlkopfpfeifen oder auch Dummkoller führen.

Was ist eine Kolik und wie erkennt man sie?

Eine der häufigsten Krankheiten des Pferdes, sie umfaßt krankhafte Zustände des Magens und des Darms. Gas- und Luftansammlungen im Magen und Darm können nicht austreten. Stampfen mit den Beinen, Kratzen mit den Vorderbeinen, Umsehen zum Leib und Schlagen mit den Beinen gegen den Leib, Hinstehen wie zum Wasserlassen, Schwitzen, Hinlegen und sofortiges Wiederaufstehen sind alles Zeichen für die auftretenden Bauchmerzen. Der Tierarzt ist sofort hinzuzuziehen. Vor Eintreffen des Tierarztes ist das Pferd zum Aufstehen zu veranlassen und ein Wiederhinlegen zu verhindern. Man soll das Pferd mit Stroh abreiben, eindecken und jedes Fressen unterbinden. Koliken treten besonders bei schlechtem, nicht sauberem Futter auf, bei warmen Grünfutter, bei Erkältungen durch zu kaltes Wasser, bei Magenerweiterungen, Darmverengungen oder bei Darmverschluß.

Was versteht man unter Mauke?

Sie ist eine Hautentzündung an der hinteren Fläche der Fessel in der Fesselbeuge, meist der Hinterhand. Sie wird durch Schmutz, Nässe, mechanische Beanspruchung oder Chemikalien hervorgerufen, zeigt sich durch erhöhte Wärme, Schwellung und Austritt einer gelblichen oder rötlichen Flüssigkeit, die verkrustet und Schmerzen verursacht. Täglich mehrmalige Desinfektionen, Aufbringen von Puder oder Zinksalbe sind als Behandlung notwendig, wie auch Sauberkeit und Vermeidung von Nässe.

Was versteht man unter Einschuß?

Eine vorwiegend an den Hintergliedmaßen auftretende entzündliche Anschwellung der Haut und Unterhaut, die sich meist durch Wundinfektionen bei Streichwunden, Kronentritten, Strahlfäule oder Stichwunden von unten nach oben ausbreitet. Behandlung der Infektionsstelle und der Schwellung gemeinsam sind erforderlich.

Was ist eine Galle?

Eine Geschwulst, vorwiegend an einem Gelenk, die sich mit Gelenksflüssigkeit füllt. Solange sie weich ist, wird das Gangvermögen meist nicht beeinträchtigt, kann sich jedoch verhärten und auf die Leistungsfähigkeit des Pferdes Einfluß nehmen.

Was ist eine Piephacke?

Eine Schwellung oder mit Flüssigkeit gefüllte Beule an der Hacke des Sprunggelenks. Sie behindert den Gang des Pferdes in der Regel nicht, ist jedoch auch mehr als ein Schönheitsfehler.

Was ist eine Hasenhacke?

Eine Schwellung, die durch eine Zerrung des starken faserigen Bandes auf der Rückseite des Sprunggelenks entsteht. Eine Lahmheit kann nach 2 bis 3 Wochen wieder abklingen, eine Verdickung bleibt jedoch.

Was versteht man unter Spat?

Er ist eine Knochenauftreibung an der Innenfläche des Sprunggelenks im Bereich der kleinen Sprunggelenksknochen, durch eine chronische Entzündung hervorgerufen. Spat hat in der Regel Lahmheit zur Folge.

Was versteht man unter Schale?

Sie ist eine Knochenauftreibung, vorwiegend am Kronen- und Fesselgelenk der Vorderbeine, hervorgerufen durch eine chronische Entzündung. Sie kann die Bewegung des Pferdes beeinträchtigen und ist meist eine Folge von Überbeanspruchung.

Was ist ein Überbein?

Eine Knochenauftreibung, oftmals als Folge von Verletzungen, die am häufigsten im äußeren Teil des oberen Drittels des Röhrbeins und des Griffelbeins vorkommt. Es kann in Ausnahmefällen die Bewegung des Pferdes beeinträchtigen.

Was versteht man unter Strahlfäule?

Eine besonders an den Hinterhufen auftretende fäulnisartige Auflösung des Hornstrahls. Sie wird durch mangelnde Sauberkeit und Pflege der Hufe, vor allem durch Stehen in feuchtem Mist, hervorgerufen. Sorgsame Behandlung des Hufes und immer saubere, trockene Streu schützen vor Strahlfäule.

Was ist bei äußeren Verletzungen eines Pferdes zu veranlassen?

Feststellung, ob ohne den Tierarzt eine Behandlung möglich ist und Prüfung, ob noch Impfschutz gegen Wundstarrkrampf vorhanden ist. Desinfektion bei kleineren Wunden mit einem Wundspray.

Was ist bei Lahmheiten angezeigt?

Ursache sind meist Überanstrengung oder Anschlagen der Beine. Die Kühlung der betreffenden Partien der Beine und Stehenlassen des Pferdes kann Besserung bringen, bei stärkeren Lahmheiten ist der Tierarzt sofort hinzuzuziehen.

Gesetzliche Bestimmungen

Gesetze.

Organisation der FN.

Alle Fahrer sind einer Reihe von gesetzlichen Bestimmungen unterworfen, über die jeder Fahrer Bescheid wissen muß. Nachstehend werden Auszüge aus diesen Gesetzen und Verordnungen zusammengestellt, die für den Fahrzeugführer von Bedeutung sind.

Naturschutz

Im Bundesnaturschutzgesetz sind die rahmengesetzlichen Regelungen über das Betreten von Flur und Wald festgelegt.

§ 27 Betreten der Flur

1. Das Betreten der Flur auf Straßen und Wegen sowie auf ungenutzten Grundflächen zum Zwecke der Erholung ist auf eigene Gefahr gestattet.

2. Die Länder regeln die Einzelheiten. Sie können das Betreten aus wichtigen Gründen, insbesondere aus solchen des Naturschutzes und der Landschaftspflege, des Feldschutzes und der landwirtschaftlichen Bewirtschaftung, zum Schutze der Erholungssuchenden oder zur Vermeidung erheblicher Schäden oder zur Wahrung anderer schutzwürdiger Interessen des Grundstücksbesitzers einschränken sowie andere Benutzungsarten ganz oder teilweise dem Betreten gleichstellen.

§ 14 Betreten des Waldes

1. Das Betreten des Waldes zum Zwecke der Erholung ist gestattet. Das Radfahren, Fahren mit Krankenstühlen und das Reiten im Wald ist nur auf Straßen und Wegen gestattet. Die Benutzung geschieht auf eigene Gefahr.

2. Die Länder regeln die Einzelheiten. Sie können das Betreten des Waldes aus wichtigem Grund, insbesondere des Forstschutzes, der Wald- und Wildbewirtschaftung, zum Schutz der Waldbesucher oder zur Vermeidung erheblicher Schäden oder zur Wahrung anderer schutzwürdiger Interessen des Waldbesitzers einschränken und andere Benutzungsarten ganz oder teilweise dem Betreten gleichstellen.

Das Fahren mit Pferden kann analog auf allen Straßen und Wegen ausgeübt werden, soweit diese nicht mit den Schildern „Gesperrt für Fahrzeuge aller Art" (weißes Schild mit rotem Rand) oder „Gesperrt für Pferdefuhrwerke" (weißes Schild mit rotem Rand und schwarzem Kutschenemblem) gekennzeichnet sind. Als Straßen im Sinne des Gesetzes sind Wege mit mindestens einer Fahrspur und einer erkenntlichen Befestigung (Kies/Schotter) anzusehen, also keine Schneisen im Wald oder Rückegassen.

Da die Bestimmungen für das Betreten von Flur und Wald ausdrücklich Länderbestimmungen verlangen, sind diese Bestimmungen auf Landesebene zu beachten und damit in die Ausbildung und Prüfung aufzunehmen.

Tierschutzgesetz

Sowohl in der Unterbringung, der Haltung und Pflege, beim Beschlag, der Bewegung, in der Beschirrung und in der Arbeit und im Sport ist das Tierschutzgesetz zu beachten und Grundlage im täglichen Umgang mit dem Pferd.

§ 1 Schutz

Zweck dieses Gesetzes ist es, aus der Verantwortung des Menschen für das Tier als Mitgeschöpf dessen Leben und Wohlbefinden zu schützen. Niemand darf einem Tier ohne vernünftigen Grund Schmerzen oder Schaden zufügen.

§ 2 Artgerecht

Wer ein Tier hält, betreut oder zu betreuen hat, muß das Tier seiner Art und seinen Bedürfnissen entsprechend angemessen ernähren, pflegen und verhaltensgerecht unterbringen. Er darf die Möglichkeit des Tieres zu artgerechter Bewegung nicht so einschränken, daß ihm Schmerzen oder vermeidbare Leiden oder Schäden zugefügt werden.

§ 3 Es ist verboten:

1. einem Tier, außer in Notfällen, Leistungen abzuverlangen, denen es wegen seines Zustandes offensichtlich nicht gewachsen ist oder die offensichtlich seine Kräfte übersteigen;

2. ein gebrechliches, krankes, abgetriebenes oder altes im Haus, Betrieb oder sonst in Obhut des Menschen gehaltenes Tier, für das Weiterleben mit nicht behebbaren Schmerzen oder Leiden verbunden ist, zu einem anderen Zweck als zur unverzüglichen schmerzlosen Tötung zu veräußern oder zu erwerben;

5. ein Tier auszubilden, sofern damit erhebliche Schmerzen, Leiden oder Schäden für das Tier verbunden sind;

11. an einem Tier bei sportlichen Wettkämpfen oder ähnlichen Veranstaltungen Dopingmittel anzuwenden. (Hierzu wird ferner verwiesen auch auf "Leitlinien Tierschutz im Pferdesport", „Resolution zur reiterlichen Haltung gegenüber dem Pferd" (Potsdamer Resolution) „Ethische Grundsätze des Pferdefreundes".)

Straßenverkehr

Als Teilnehmer am Straßenverkehr sind die Bestimmungen der Straßenverkehrsordnung und der Straßenverkehrszulassungsordnung mit ihren z.T. detaillierten Bestimmungen für alle Gespanne von Wichtigkeit.

Die Ausstattung der Wagen muß diesen Regeln entsprechen, die auch Grundlage der Richtlinien für den Bau und Betrieb pferdebespannter Fahrzeuge sind, die von der FN in Zusammenarbeit mit der DEKRA erarbeitet wurden. Hierzu kommen auch die Sicherheitstechnischen Bewertungen von Pferde- und Ponygeschirren, die von der FN veröffentlicht wurden.

Straßenverkehrsordnung

§ 1 Vorsicht

1. Die Teilnahme am Straßenverkehr erfordert ständige Vorsicht und gegenseitige Rücksicht.

2. Jeder Verkehrsteilnehmer hat sich so zu verhalten, daß kein anderer geschädigt, gefährdet oder mehr, als nach den Umständen unvermeidbar, behindert oder belästigt wird.

§ 2 Rechts fahren

1. Die Fahrzeuge müssen die Fahrbahn benutzen, von zwei Fahrbahnen die rechte.

2. Es ist möglichst weit rechts zu fahren.

§ 4 Abstand

1. Der Abstand von einem vorausfahrenden Fahrzeug muß in der Regel so groß sein, daß auch dann hinter ihm gehalten werden kann, wenn es plötzlich gebremst wird. Der Vorausfahrende darf nicht ohne zwingenden Grund stark bremsen.

§ 5 Überholen und Abbiegen

1. Es ist links zu überholen.

2. Überholen darf nur, wer übersehen kann, daß während des ganzen Überholvorgangs jede Behinderung des Gegenverkehrs ausgeschlossen ist. Überholen darf ferner nur, wer mit wesentlich höherer Geschwindigkeit als der zu Überholende fährt.

3. Wer zum Überholen Ausscheren will, muß auf den nachfolgenden Verkehr achten. Beim Überholen muß ein ausreichender Seitenabstand zu den anderen Verkehrsteilnehmern, insbesondere zu Fußgängern und Radfahrern eingehalten werden. Der Überholende muß sich so bald wie möglich wieder rechts einordnen. Er darf dabei den Überholten nicht behindern.

4. Das Ausscheren zum Überholen und das Wiedereinscheren ist rechtzeitig und deutlich anzukündigen.

5. Der Führer eines langsamen Fahrzeugs muß seine Geschwindigkeit an geeigneter Stelle ermäßigen, notfalls warten, wenn nur so mehreren und unmittelbar folgenden Fahrzeugen das Überholen möglich ist.

6. Beim Abbiegen in ein Grundstück, beim Wenden und beim Rückwärtsfahren muß sich der Fahrzeugführer so verhalten, daß eine Gefährdung anderer Verkehrsteilnehmer ausgeschlossen ist, erforderlichenfalls hat er sich einweisen zu lassen.

§ 14 Sicherheitsvorkehrungen

1. Verläßt der Fahrer sein Fahrzeug, so muß er die nötigen Maßnahmen

treffen, um Unfälle oder Verkehrsstörungen zu vermeiden.

§ 17 Schlechte Sicht

1. Während der Dämmerung, bei Dunkelheit oder wenn die Sichtverhältnisse es sonst erfordern, sind die vorgeschriebenen Beleuchtungseinrichtungen zu benutzen. Diese dürfen nicht verdeckt oder verschmutzt sein.

2. Behindert Nebel, Schneefall oder Regen die Sicht erheblich, dann ist auch am Tag mit Licht zu fahren.

3. Fahrzeuge, die ohne Schwierigkeiten von der Fahrbahn entfernt werden können, wie z.B. unbespannte Fuhrwerke dürfen dort bei Dunkelheit nicht unbeleuchtet stehen gelassen werden.

§ 23 Verantwortung

1. Der Fahrzeugführer ist dafür verantwortlich, daß seine Sicht und das Gehör nicht durch die Besetzung, die Ladung, Gerät oder den Zustand des Fahrzeugs beeinträchtigt wird. Er muß dafür sorgen, daß das Gespann, sowie Ladung und Besetzung vorschriftsmäßig sind, und die Verkehrssicherheit durch Ladung oder Besetzung nicht leidet.

2. Der Fahrzeugführer muß das Gespann auf dem kürzesten Weg aus dem Verkehr ziehen, falls unterwegs auftretende Mängel, welche die Verkehrssicherheit wesentlich beeinträchtigen, nicht alsbald beseitigt werden.

3. Der Fahrer muß vor Antritt der Fahrt sein Gespann auf Betriebs- und Verkehrssicherheit überprüfen.

§ 27 Geschlossene Verbände

1. Geschlossene Verbände müssen, wenn ihre Länge dies erfordert, in abgemessenen Abständen Zwischenräume für den übrigen Verkehr frei lassen.

2. Geschlossen ist ein Verband, wenn er für andere Verkehrsteilnehmer als solcher erkennbar ist (z.B. Leichenzüge, Prozessionen).

§ 28 Tiere im Verkehr

1. Haus- und Stalltiere, die den Verkehr gefährden können, sind von der Straße fernzuhalten. Sie sind dort nur zugelassen, wenn sie von geeigneten Personen begleitet sind, die ausreichend auf sie einwirken können.

2. Beim Führen nur eines Großtieres ist eine nicht blendende Leuchte mit weißem Licht auf der linken Seite, von vorne und hinten gut sichtbar, mitzuführen.

Straßenverkehrs-zulassungsordnung

§ 16 Zulassung

1. Zum Verkehr auf öffentlichen Straßen sind alle Fahrzeuge zugelassen, die den Vorschriften dieser Verordnung entsprechen.

§ 30 Verkehrssicherheit

1. Fahrzeuge müssen so gebaut und ausgerüstet sein, daß
- ihr verkehrsüblicher Betrieb niemanden schädigt oder mehr als unvermeidbar gefährdet, behindert oder belästigt;
- die Insassen insbesondere bei Unfällen vor Verletzungen möglichst geschützt sind und das Ausmaß und die Folgen von Verletzungen möglichst gering bleiben.

§ 31 Selbständige Leitung

1. Wer ein Fahrzeug oder einen Zug mit einander verbundener Fahrzeuge führt, muß zur selbständigen Leitung geeignet sein.

2. Der Halter darf die Inbetriebnahme nicht anordnen oder zulassen, wenn ihm bekannt ist oder bekannt sein muß, daß der Führer nicht zur selbständigen Leitung geeignet oder das Gespann, die Ladung oder die Besetzung nicht vorschriftsmäßig ist oder die Verkehrssicherheit des Fahrzeugs durch die Ladung oder die Besetzung leidet.

§ 64 Lenkung

1. Fahrzeuge müssen leicht lenkbar sein.

2. Die Bespannung zweispänniger Fuhrwerke, die nur eine Deichsel in der Mitte haben, mit nur einem Zugtier ist unzulässig, wenn die sichere und schnelle Einwirkung des Gespannführers auf die Lenkung des Fuhrwerks nicht gewährleistet ist. Dies kann durch Anspannung mit Schweifriemen, Hinterzeug, durch Straffung der Steuerkette erreicht werden. Unzulässig ist die Anspannung an den Enden der beiden Ortscheite, der Bracke oder nur an einem Ortscheit, wenn dies nicht mit einer Kette oder dergleichen festgelegt ist.

3. Bei Pferden ist die Verwendung sogenannter Zupfleinen (Stoßzügel) unzulässig.

4. Schlitten müssen mit mindestens einer hell tönenden Glocke ausgerüstet sein.

§ 65 Bremsen

Alle Fahrzeuge müssen eine ausreichende Bremse haben, die während der Fahrt leicht zu bedienen ist und ihre Wirkung erreicht, ohne die Fahrbahn zu beschädigen.

Als ausreichende Bremse gilt jede am Fahrzeug angebrachte Einrichtung, welche die Geschwindigkeit zu mindern und das Fahrzeug festzustellen vermag.

Hemmschuhe und Ketten dürfen nur als zusätzliche Hilfsmittel und nur dann verwendet werden, wenn das Fahrzeug mit einer gewöhnlichen Bremse nicht ausreichend gebremst werden kann.

§ 66a Beleuchtung

1. Während der Dämmerung, bei Dunkelheit oder wenn die Sichtverhältnisse es sonst erfordern, müssen die Fahrzeuge nach vorne mindestens eine Leuchte mit weißem Licht, nach hinten mindestens eine Leuchte mit rotem Licht haben.

Die Leuchten müssen möglichst weit links und dürfen nicht mehr als 400 mm von der breitesten Stelle des Fahrzeugumrisses entfernt angebracht sein. Paarweise verwendete Leuchten müssen gleichstark leuchten und in der gleichen Höhe angebracht sein.

2. Alle Fahrzeuge müssen an der Rückseite mit zwei roten Rückstrahlern ausgerüstet sein. Diese dürfen nicht mehr als 400 mm von der breitesten Stelle des Fahrzeugumrisses entfernt, sowie höchstens 900 mm über der Fahrbahn in gleicher Höhe angebracht sein.

3. Die Längsseiten der Fahrzeuge müssen mit mindestens je einem gelben Rückstrahler ausgerüstet sein, nicht höher als 600 mm.

Richtlinien für den Bau und Betrieb pferdebespannter Fahrzeuge

Die Deutsche Reiterliche Vereinigung (FN), die DEKRA AG und der Verband der Technischen Überwachungsvereine e.V. haben auf der Grundlage der obigen gesetzlichen Bestimmungen Forderungen zusammengestellt, denen pferdebespannte Fahrzeuge entsprechen sollen.

Sie betreffen die Interpretation der Bestimmungen des §§ 30 bis 36 und 63 - 66a der StVZO, die Verantwortung für den Betrieb eines Fahrzeugs und die Möglichkeit einer Überprüfung und Beurteilung der Fahrzeuge.

Als Nachweis für die Eignung des Fahrers ist der Besitz des Fahrerabzeichens, mindestens der Klasse IV, angeführt.

Die Einzelforderungen bei den Fahrzeugen beziehen sich auf das Fahrgestell, den Aufbau, die Achsen einschließlich der Räder, Reifen und Federung (Fahrwerk), die Lenkung, die Deichsel, die Bremsen, die lichttechnischen Einrichtungen, die Ausrüstung und Schilder, den Service und Papiere. Von derselben Arbeitsgruppe besteht auch eine sicherheitstechnische Bewertung von Pferde- und Ponygeschirren.

Sie gibt Auskunft über die Anforderungen an Brustblattgeschirr, Kumtgeschirr, Leinen, Material und Verarbeitung innerhalb der Sicherheitsrichtlinien für Leder, Beschläge, Gebisse.

Organisationen

Die Spitzenorganisation für den Reit- und Fahrsport sowie für die Pferdezucht ist die Deutsche Reiterliche Vereinigung (FN) - Hauptverband für Zucht und Prüfung Deutscher Pferde e.V. mit Sitz in Warendorf. Die Abkürzung FN bedeutet Fèdèration Equestre Nationale und kennzeichnet die Deutsche Reiterliche Vereinigung als deutsche nationale Vertretung in der FEI - Fèdèration Equestre International - der weltweit arbeitenden Vereinigung des Reit- und Fahrsports. Das nachstehende Schema verdeutlicht Aufbau und Organisation der FN.

Diese Gliederung läßt erkennen, daß alle Organisationen, die sich dem Reit- und Fahrsport einschließlich Voltigieren und dem Pferd verantwortlich und verbunden fühlen, hier sinnvoll auf Bundesebene zusammengeschlossen sind.

Die Landesverbände im Bereich Sport sind der Zusammenschluß aller Reit- und Fahrvereine in den

Die Deutsche Reiterliche Vereinigung
Hauptverband für Zucht und Prüfung Deutscher Pferde e.V. (FN)

Präsidium
(12 Personen)

Mitgliederversammlung
Delegierte aller Mitglieder und Anschlußorganisationen
(tagt alle 4 Jahre)

Verbandsrat
Vorsitzende der Mitglieds- und Anschlußorganisationen der Bereiche Zucht, Sport und persönliche Mitglieder
(tagt jährlich)

Bereich Sport	Bereich Zucht	Bereich Persönliche Mitglieder
17 Landesverbände DOKR DRFV DRV LK + OBELF	z.Zt. 26 Pferdezucht-Verbände	z.Zt. ca. 15.000 Mitglieder in 17 Verbandsbereichen
Vorstand Sport 14 Personen	Vorstand Zucht 8 Personen	Vorstand Persönliche Mitglieder 7 Personen
Beirat Sport tagt alle 2 Jahre	Beirat Zucht tagt alle 4 Jahre	Beirat Persönliche Mitglieder tagt nach Bedarf
Delegierten- versammlung Sport (tagt alle 2 Jahre)	Delegierten- versammlung Zucht (tagt alle 2 Jahre)	Mitgliederversammlung Persönliche Mitglieder (tagt alle 4 Jahre)

jeweiligen Bundesländern. Es bestehen 17 Landesverbände, die in einzelnen Ländern in mehrere Regional- oder Provinzialverbände unterteilt sind. Diese sind in Kreisverbände, Kreisarbeitsgemeinschaften, Kreisringen o.ä. organisiert. Innerhalb der Landesverbände bestehen Landeskommissionen für Pferdeleistungsprüfungen (LK), die in ihrem Bereich den Turniersport regeln und beaufsichtigen, die Richter- und Parcourscheflisten führen, die Sonderprüfungen für Leistungsabzeichen genehmigen und in Rechtsfällen mit Disziplinarkommissionen Ordnungsmaßnahmen verhängen können.

Für den **Bereich Sport** wirken ferner mit: Das Deutsche Olympiadekomitee für Reiterei (DOKR), der Deutsche Reiter- und Fahrerverband (DRFV), die Deutsche Richtervereinigung für Pferdeleistungsprüfungen (DRV), 5 Anschlußverbände mit eingeschränkter Mitwirkung.

Das **Deutsche Olympiadekomitee** für Reiterei (DOKR) ist eine Mitgliedsorganisation der FN und nimmt eine Sonderstellung ein, es betreut und fördert den Spitzensport im Reiten, Fahren und Voltigieren. Im Bundesleistungszentrum Warendorf und in mehreren Leistungszentren außerhalb werden die Mitglieder der Auswahlmannschaften aller Disziplinen geschult und betreut. Hierfür sind Bundestrainer und Honorartrainer zuständig, die mit Unterstützung des Bundesministeriums des Inneren angestellt sind.

Der **Deutsche Reiter- und Fahrerverband** (DRFV) ist der Zusammenschluß und die Interessenvertretung der Reiter und Fahrer aller Disziplinen auf Bundesebene, die sich insbesondere dem Turniersport und der Jagdreiterei verbunden fühlen. Zur Wahrung der Aufgaben hat er Fachausschüsse für Dressur, Springen, Vielseitigkeit, Jagdreiten, Fahren und eine Gruppe der Berufsreiter.

Die **Deutsche Richtervereinigung** für Pferdeleistungsprüfungen (DRV) stellt innerhalb der FN den Zusammenschluß der Turnierfachleute, der Richter und Parcourschefs für Pferdeleistungsprüfungen, dar. Wesentliche Aufgaben sind die Fortbildung der Turnierfachleute und die Heranbildung der Anwärter im Richter- und Parcourschefbereich sowie die Zusammenarbeit mit und die Einflußnahme bei allen Stellen, die mit dem Turniersport in Zusammenhang stehen.

Die **Anschlußverbände** betreuen den Bereich des Westernreitens, der Islandpferdereiter, des Distanzreitens, der Akademischen Reitervereine und das Therapeutische Reiten.

Im Jahre 1997 bestehen in der Bundesrepublik Deutschland ca. 6200 Reit- und Fahrvereine mit nahezu 700 000 Mitgliedern, von denen ca. 66 000 weibliche und ca. 26 000 männliche Mitglieder aktiv am Turniersport als Inhaber von Reit- und Fahrausweisen teilnehmen.

Für die Pferdezucht arbeitet der **Bereich Zucht**.

Die vom Staat anerkannten **Pferdezuchtverbände** in der Bundesrepublik sind in der Regel in gleicher Weise wie die Sportverbände als Landespferdezuchtverbände gegliedert. Auf Bundesebene arbeiten die Verbände der Trakehner, Araber, Shagya-Araber, Friesen und der Verband Deutscher Pferdezüchter. Zur Zeit bestehen 26 angeschlossene Zuchtverbände, die in der Abteilung Zucht zusammengefaßt sind. Alle Verbände arbeiten nach einer von der Abteilung Zucht verabschiedeten Zuchtverbandsordnung, die Teil der Satzung jedes Verbandes ist. Durch alle Verbände werden bei etwas über 600 000 Pferden in der Bundesrepublik Deutschland ca. 8000 angekörte Hengste und ca. 126 000 eingetragene Stuten betreut.

Der **Bereich persönliche Mitglieder** unterstützt mit seinen Mitgliedsbeiträgen die Arbeit der FN, veranstaltet Informationsveranstaltungen rund um das Pferd in Zusammenarbeit mit den Landes- und Regionalverbänden sowie den örtlichen Vereinen. Es werden auch Reisen gemeinsam organisiert, die zu hippologisch interessanten Orten und Veranstaltungen führen. Die Mitgliederzahl betrug am 1.1.1997 nahezu 15 000 Mitglieder.

Leistungsprüfungsordnung (LPO)

Die Leistungsprüfungsordnung der Deutschen Reiterlichen Vereinigung (FN) (LPO) ist das Regelwerk für den Turniersport in Deutschland, die in vier Abschnitte gegliedert ist:

Abschnitt A

Allgemeine Bestimmungen

(§§ 1-73) Hier sind geregelt:
- die Zuständigkeiten der FN und der Landeskommissionen,
- die Verpflichtung aller Turnierteilnehmer zu sportlich fairer Haltung gegeneinander und gegenüber den Pferden,
- die Einteilung der Leistungsprüfungen (LP) in Kategorie A (Geldpreise über DM 1000,-), Kategorie B (Geldpreise zwischen DM 300,- und DM 900,-), Kategorie C (Geldpreise DM 220,- oder um Ehrenpreise),
- die Eintragung der Pferde in die Turnierpferderegister zur Feststellung ihrer Identität und zur züchterischen Auswertung der Leistungsergebnisse,
- die Erteilung von Reiter- und Fahrerausweisen,
- das Klassensystem der Leistungsanforderungen:

Klasse E: Eingangsklasse (Kat. C)
Klasse A: Anfängerklasse (Kat. B)
Klasse L: Leichte Klasse (Kat. B)
Klasse M: Mittelschwere Klasse (Kat. B oder A)
Klasse S: Schwere Klasse (Kat. A),

- die Regelungen zu Ausschreibungen, Nennungen, Organisationsfragen,
- die Bestimmungen zur Richtertätigkeit,
- die Plazierungsbestimmungen,
- die Ausrüstungsfragen für Reiter/ Fahrer, für Pferde und Wagenpferde und deren Fahrzeuge,
- die Alters- und Teilnahmeregelungen der Pferde,
- Regelungen und Bestimmungen zu Verfassungsprüfungen, Pferdekontrollen und Dopingproben.

Abschnitt B

Besondere Bestimmungen

(§§ 100 - 800) Sie enthalten die eigentlichen Wettkampfbestimmungen mit Anforderungen, Beurteilung und Richtverfahren für die in Abschnitten zusammengefaßten Prüfungen:

§§ 100 ff - Breitensportliche Wettbewerbe
§§ 200 ff - Wettbewerbe zur Reiter/ Fahrerförderung sowie Voltigier-Wettbewerbe
§§ 300 ff - Basis- und Aufbauprüfungen
§§ 400 ff - Dressurprüfungen für Reitpferde
§§ 500 ff - Springprüfungen
§§ 600 ff - Vielseitigkeits- und Geländeprüfungen für Reitpferde
§§ 700 ff - Fahrprüfungen
§§ 800 ff - Kombinierte Wettbewerbe und Prüfungen.

Abschnitt C

Rechtsordnung

(§§ 900 ff) Dieser Abschnitt umfaßt
- die Regelungen für die Schiedsarbeit,
- die Zusammensetzung und Arbeit der Schiedsgerichte,
- die Rechtsmittel und deren Behandlung,
- die Verstöße gegen die LPO und deren mögliche bzw. zwangsläufige Ahndung.

Abschnitt D

Durchführungsbestimmungen

Als Anhang regeln die Durchführungsbestimmungen Fragen zum Fernsehen, zu den Leistungsklassen, zur Dopingbekämpfung u.a.

LK-Bestimmungen

Die Landeskommissionen für Pferdeleistungsprüfungen geben zur LPO aus ihrer Sicht notwendige Besondere Bestimmungen heraus, die sich im wesentlichen mit Ausnahmeregelungen, Einschränkungen und Gebührenfragen befassen.

Ausbildungs- und Prüfungsordnung

Für den Leistungssport und die Leistungsnachweise im Reit- und Fahrsport ist die APO wichtig mit ihren Abschnitten:
- Richter für Pferdeleistungsprüfungen (Richteranwärter, Prüfungen, Höherqualifikationen),
- Parcourschefs (PC - Anwärter, Prüfungen, Höherqualifikationen),
- Leistungsnachweise im Reit- und Fahrsport (Reit- und Fahrabzeichen),
- Ausbildertätigkeit (Reit- u. Fahrwart, Reit- und Fahrlehrer),
- Ausbildungsstätten (Reit- und Fahrstall, Reit- und Fahrschulen)

Ausbildung des Fahrpferdes

Im Rahmen dieses Buches kann und soll keine ganze Lehre für die Ausbildung des Fahrpferdes beschrieben werden, doch ist es notwendig, die Ausbildung kurz zu skizzieren und auf einzelne Themen einzugehen.

Ausbildung

Im Vordergrund der Ausbildung steht auch hier der Grundsatz des Achenbach-Fahrsystems: **Zweckmäßigkeit, Sicherheit und Pferdeschonung.**

Vorbereitung der Ausbildung

Die Ausbildung beginnt, wie beim Reitpferd in der Aufzucht des Pferdes, seine Gewöhnung an Artgenossen und den Menschen, das Vertrauenfassen, die Gewöhnung an Halfter und Trense und an die Longe.

Zur Vorbereitung der Fahrausbildung gehört auch die Gewöhnung an die Geschirrteile, die im Stall und in der Boxe damit beginnen, daß dort das Geschirr vorsichtig aufgelegt wird, wobei keine Gewalt angewendet werden darf, damit das Pferd auch hier Zutrauen faßt. Kammdeckel und Bauchgurt werden eigens aufgelegt, zunächst leicht, später stärker angezogen. Bleibt das Pferd mit dem Geschirr ruhig stehen, so kann es auch an der Hand damit geführt werden, um das ungewohnte Gefühl zu verarbeiten. Die Gewöhnung an bestimmte Kommandos wie „Komm!" und „Halt!" kann zu dieser Zeit bereits erfolgen.

Die Arbeit mit der Longe

Bereits im Jungpferdealter ist es angezeigt, das Pferd an die Longe zu gewöhnen, ihm den Begriff der

Arbeit näher zu bringen, das taktmäßige Gehen zu entwickeln und es an die Stimme und den Gehorsam zu gewöhnen. Die Gangarten Schritt und Trab werden auf beiden Händen ausgebunden gearbeitet.

Später wird das Longieren auch zur Korrektur der Durchlässigkeit, der Entwicklung der Gangarten, zur Verbesserung der Kondition und der Biegefähigkeit eingesetzt.

Zur direkten Ausbildung des Fahrpferdes gehört :

Die Arbeit mit der Doppellonge

Sie besteht aus einer ca. 17 m langen Doppelleine, die an beiden Seiten des Zaums im Gebiß eingeschnallt oder eingehakt wird. Sie wird durch zwei Ringe geführt, die unterhalb der befestigten Strangstutzen auf dem kleinen Bauchgurt angebracht oder dort eingeschoben sind. Von dort laufen sie durch die Leinenaugen des Geschirrs zum Gebiß. Als Gebiß wird anfangs ein dickes Wassertrensengebiß verwendet, später kann dann das zum Fahren verwendete Gebiß benützt werden.

Die Leine wird wie bei der Grundhaltung des Fahrens in der Hand gehalten, auf linker Hand also die linke Longe über den Zeigefinger durch die Hand, die rechte Longe zwischen Mittel- und Ringfinger durch die Hand des Longenführers. Beim Longieren auf der rechten Hand läuft die rechte Longe zwischen Mittel- und Ringfinger, während die linke Longe zwischen Daumen und Zeigefinger dann durch die Hand geht.

Als Geschirr wird ein halbes Kumt- oder Sielengeschirr verwendet, aus dem die Stränge ausgeschnallt sind. Die Strangstutzen werden mit der Oberblattstrupfe mit dem Kammdeckel verbunden, der Schweifriemen wird aufgelegt.

Weiter wird für die Arbeit mit der Doppellonge die Longierpeitsche benötigt, die anfangs von einem Gehilfen geführt werden kann, später in der kreisäußeren Hand des Longenführers, beim Longieren auf der linken Hand in der rechten, während die linke Hand die Leinen hält.

Zur Doppellongenarbeit sind dem Pferd an den Vorderbeinen Bandagen und an den Hinterbeinen Streichkappen anzulegen, um Verletzungen zu vermeiden.

Die Gewöhnung an die Doppel-

Bei genügender Ausbildung kann das Wechseln der Hand mit einem „Durch den Zirkel wechseln“ erfolgen.

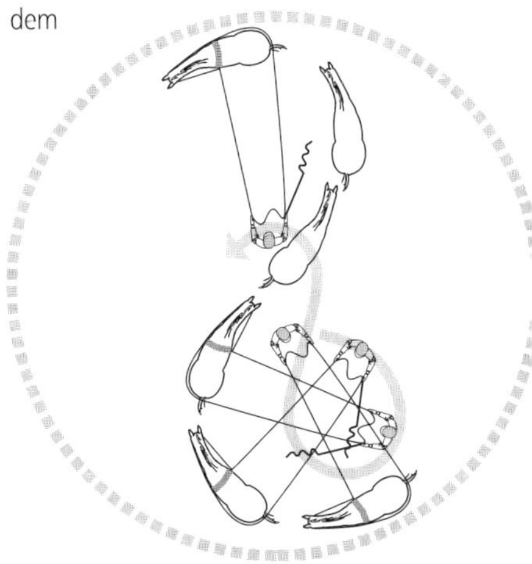

Grundlage der Ausbildung ist die Arbeit an der Doppellonge.

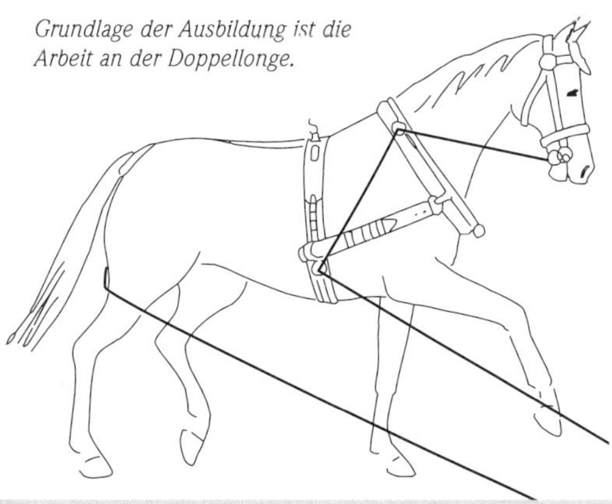

longe soll langsam erfolgen, ein sofortiges Anlegen der äußeren Longe an das Hinterbein führt oft zu Ausschlagen und Widerstand, weshalb ein Helfer zunächst außen-hinten mit der Außenleine mitgehen kann. Auch ein Führen auf gerader Linie mit gelegentlichem Anschlagen der Leinen an die Beine kann eine gute Vorübung sein.

Bei der Arbeit soll das Pferd mit der inneren Longe geführt werden, die äußere Longe begrenzt das Pferd wie ein verwahrender Schenkel beim Reiten. Zu Beginn kann auch die äußere Longe über den Rücken geführt werden. Immer ist darauf zu achten, daß sie oberhalb des Sprunggelenkes verläuft.

Das Pferd soll so lernen, gleichmäßig an beide Gebißhälften heranzutreten, sich richtig zu biegen und die richtige Stellung nach beiden Seiten einzunehmen. Hierzu ist es notwendig die Doppellongenarbeit auf beiden Händen auszuführen, zunächst beim Wechseln mit der Übung „Aus den Zirkeln wechseln", später mit „Durch den Zirkel wechseln". Die Führung des Pferdes durch den Longenführer erfolgt beim Wechsel der Hand durch zweimaliges starkes Vorgreifen auf der nun inneren Seite der Doppellonge und ein Durchgleitenlassen der neuen Außenlonge um etwa drei Meter. Das Wechseln der Hand soll bei jungen Pferden nur im Schritt, kann später im verkürzten Trab erfolgen und der Wechsel der Stellung des Pferdes

Das Wechseln der Hand sollte anfangs mit Wechseln aus den Zirkeln erfolgen.

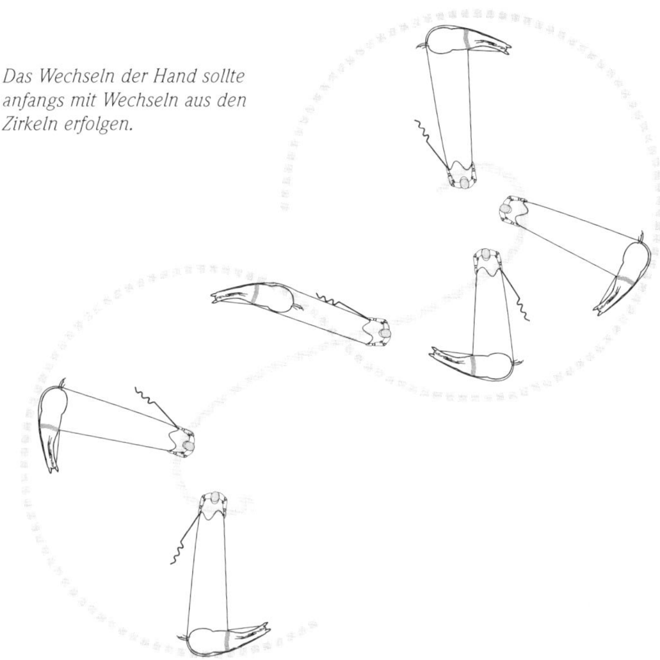

muß dabei deutlich herausgearbeitet werden. Nachgeben ist bei der Arbeit mit jungen Pferden von besonderer Bedeutung, um sie auf die Einwirkungen bei den Leinengriffen zur Einleitung und Durchführung von Wendungen vorzubereiten. Die Einhaltung der Zirkellinie hat das Pferd bei der Arbeit mit der einfachen Longe bereits gelernt, so daß der Einsatz der Longierpeitsche mehr auch der Temporegulierung dienen kann. Mit der Doppellonge wird in allen drei Gangarten gearbeitet.

Zur Longen- und Doppellongenarbeit soll möglichst eine ruhige Arbeitsstelle, am besten zunächst Halle oder eingefriedete Arbeitsbahn verwendet werden, um äußere Einflüsse so gering als möglich zu halten.

Anspannen an die Schleppe

Mit der erfolgreichen Arbeit an der Doppellonge kann auch die Arbeit mit der Schleppe beginnen, bei der zuerst in das Longiergeschirr die Stränge wieder eingeschnallt werden, verlängert und durch zwei Helfer genügend weit vom Pferd gehalten werden. Beim Anführen des Pferdes üben die Helfer zunächst nur geringen Druck auf die Stränge und damit auf die Pferdebrust aus, den man zügig verstärken

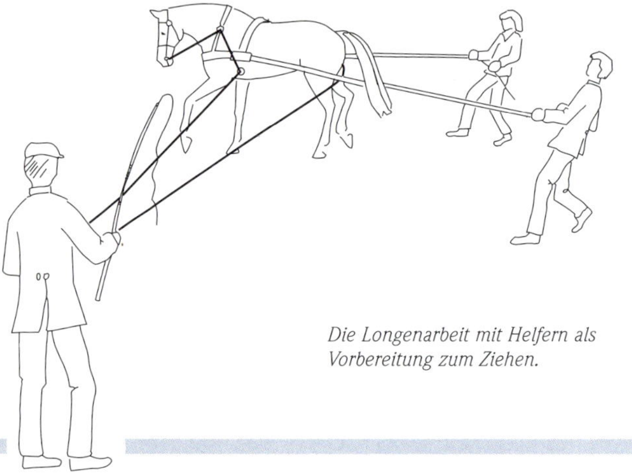

Die Longenarbeit mit Helfern als Vorbereitung zum Ziehen.

kann. Mehrfacher Wechsel des Gegenhaltens soll durch das Pferd ohne Widerstand akzeptiert werden. Die Berührung des Pferdes mit den Strängen dürfte nach der Arbeit mit der Doppellonge keine Schwierigkeiten bereiten. Ein an die verlängerten Stränge angehängter Balken von ca. 2 m Länge schließt sich in der Ausbildungsarbeit an, die zunächst auf gerader Linie, später auch in weiten Wendungen ausgeführt wird. Auch bei dieser Arbeit ist eine gedeckte Bahn ohne Ablenkung von Vorteil, dann auch auf Wiese und Schotter, um die unvermeidlichen Geräusche langsam in die Ausbildungsarbeit einfließen zu lassen.

Nach einiger Zeit kann die Zuglast langsam gesteigert werden, indem man den Balken beschwert oder dann ein Zugschlitten verwendet wird. Auch die Gewöhnung des Pferdes an den Strang an der Innenseite des Beines muß bei dieser Arbeit erfolgen.

Die Arbeit am Wagen

Zweckmäßig ist es, wenn man ein junges Pferd zunächst neben einem erfahrenen Fahrpferd anspannen kann. Die Gewöhnung an den Wagen kann, ohne zu ziehen, allein zum Anspannen, schon im Stand geübt werden, das Laufen neben einem Führpferd als junges Pferd neben das Gespann geschnallt. Die Arbeit am Wagen beginnt dann immer als Handpferd, ein Helfer geht zunächst am Kopf des jungen Pferdes mit, schnallt dann eine Führleine am Gebiß ein und kann später ohne direkte Verbindung mit dem jungen Pferd beruhigend auf es einwirken. Bei temperamentvollen Pferden ist eine Arbeit mit der Doppellonge vorzuschalten, um es an die Arbeit zu gewöhnen. Der Helfer beim jungen Pferd zieht sich immer mehr zurück, bis er, auf dem Trittbrett mitfahrend, keinen direkten Kontakt mit dem jungen Pferd mehr hat und nur für ungewöhnliche Situationen zur Verfügung ist.

Nach dem Abschirren ist das Pferd genau auf Druckstellen und Streichwunden zu untersuchen, Schultern und Brust sind genauso mit kaltem Wasser abzuwaschen wie die Auflagestellen des Kammdeckels und des großen Bauchgurts. Bei Streichverletzungen sind Streichkappen anzulegen und ist der Beschlag zu überprüfen.

Ist das Pferd ruhig im Zug am leichten Wagen, so kann es auch auf der Sattelseite eingespannt werden, zunächst mit denselben Vorsichtsmaßnahmen wie auf der Handseite. Öfteres Wechseln der Anspannungsseite wird dem erfahrenen Ausbilder zeigen, auf welcher Seite das junge Pferd besser am Wagen geht. Doch sollte das Umspannen auch später zur Erhaltung des Geradegerichtetseins vorgenommen werden und zur gleichmäßigen Entwicklung der Muskulatur, der Sehnen und Bänder beitragen.

Die Förderung der Ausbildungsarbeit

In der ersten Ausbildungszeit wird das junge Pferd vorwiegend auf geraden Linien gefahren; wenn hierbei Sicherheit im Trabe und im Schritt erzielt ist, kann mit der eigentlichen Ausbildungsarbeit begonnen werden. Hier sind zu nennen:

Die Förderung des Ganges durch weitere Doppellongenarbeit

Beginn der Zugarbeit an der Schleppe.

Die Förderung der Wendigkeit, mit Annahme der Hilfen für Wendungen, Zirkel, Volten, Schlangenlinien u.a.
Die Erziehung zum Gehorsam, Anfahren und Halten, Rückwärtsrichten u.a.
Die Verkehrsgewöhnung.
Die Gewöhnung an schweren Zug.
Das Stillstehen am Gebiß und bei hingegebenen Leinen.
Das Anhalten und Anfahren bergauf und bergab.
Das Seitwärtstreten ohne Verschieben des Wagens.
Der Einsatz im Vierspänner erfolgt erst dann, wenn das junge Pferd sicher als Zweispänner eingesetzt werden kann.

Das Reiten von Fahrpferden

Zur Förderung von Losgelassenheit und Anlehnung, zur Entwicklung des Schwungs und der Fortentwicklung der Durchlässigkeit und der Versammlung ist das Reiten des Wagenpferdes sehr zu empfehlen. Es sollte auch hier eine systematische Grundausbildung erhalten, die durchaus dem Dressurstand einer Klasse L entsprechen kann. Hierdurch wird die Biegungsfähigkeit, aber auch das Geradegerichtetsein enorm unterstützt, es sind Fehler im Genick und in der Aufrichtung besser zu beseitigen als ausschließlich beim Fahren. Wenn das Wagenpferd zudem unter dem Reiter lernt an das Gebiß heranzutreten, so kommt dies der Fortentwicklung als Fahrpferd zu Gute.

Literaturnachweis

Achenbach B. von: Anspannen und Fahren; Selbstverlag; Berlin; 1925

Brem G.u.a.: Exterieurbeurteilung landw. Nutztiere; Ulmer, Stuttgart; 1997

Deutsche Reiterl. Vereinigung (FN): Leistungsprüfungsordnung; FN Verlag Warendorf; 1994

Deutsche Reiterl. Vereinigung (FN): Ausbildungs- und Prüfungsordnung; FN Verlag , Warendorf; 1994

Deutsche Reiterl. Vereinigung (FN): Aufgabenheft 1994; FN Verlag Warendorf; 1994

Deutsche Reiterl. Vereinigung (FN): Richtlinien für Reiten und Fahren - Band 5 - Fahren; FN Verlag Warendorf; 1997

Gauger G.D.: Fahrsport; FN Verlag Warendorf; 1984

Hickman J.: Der richtige Hufbeschlag; BLV Verlagsges. München; 1983

Kirch/Splittgerber/Fangauf: Die Fütterung der landw. Nutztiere; P. Parey Hamburg; 1959

Lamparter Chr.: Die Fahrlehre; Verlag Dr. Georgi Aachen; 1996

Laur H.P.: Das Fahrerabzeichen; Franck-Kosmos-Verlag Stuttgart; 1994

Oese E.: Pferdesport; Sportverlag Berlin; 1992

Pollay H.: Das Reitabzeichen leicht gemacht; BLV Verlagsges. München; 1996

Pollay H.: Reitsport von A - Z; BLV Verlagsges. München; 1982

Schwarck H.J.: Pferdezucht; BLV Verlagsges. München; 1988

Grundsatz Eins

Wer auch immer sich mit dem Pferd beschäftigt, übernimmt die Verantwortung für das ihm anvertraute Lebewesen.

Grundsatz Zwei

Die Haltung des Pferdes muß seinen natürlichen Bedürfnissen angepaßt sein.

Grundsatz Drei

Der physischen wie psychischen Gesundheit des Pferdes ist unabhängig von seiner Nutzung oberste Bedeutung einzuräumen.

Grundsatz Vier

Der Mensch hat jedes Pferd gleich zu achten, unabhängig von dessen Rasse, Alter und Geschlecht sowie Einsatz in Zucht, Freizeit oder Sport.

Grundsatz Fünf

Das Wissen um die Geschichte des Pferdes, um seine Bedürfnisse, sowie die Kenntnisse im Umgang mit dem Pferd sind kulturgeschichtliche Güter. Diese gilt es zu wahren und zu vermitteln und nachfolgenden Generationen zu übermitteln.

Grundsatz Sieben

Der Mensch, der gemeinsam mit dem Pferd Sport betreibt, hat sich und das ihm anvertraute Pferd einer Ausbildung zu unterziehen. Ziel jeder Ausbildung ist die größtmögliche Harmonie zwischen Pferd und Mensch.

Grundsatz Sechs

Der Umgang mit dem Pferd hat eine persönlichkeitsprägende Bedeutung gerade für junge Menschen. Diese Bedeutung ist stets zu beachten und zu fördern.

Grundsatz Acht

Die Nutzung des Pferdes im Reit-, Fahr- und Voltigiersport muß sich an seiner Veranlagung, seinem Leistungsvermögen und seiner Leistungsbereitschaft orientieren. Die Beeinflussung des Leistungsvermögens durch medikamentöse sowie nicht pferdegerechte Einwirkung des Menschen ist abzulehnen und muß geahndet werden.

Grundsatz Neun

Die Verantwortung des Menschen für das ihm anvertraute Pferd erstreckt sich auch auf das Lebensende des Pferdes. Dieser Verantwortung muß der Mensch stets im Sinne des Pferdes gerecht werden.

Herausgeber:

Die „Ethischen Grundsätze des Pferdefreundes" wurden 1995 von der Deutschen Reiterlichen Vereinigung (FN) erarbeitet und vom Verbandsrat verabschiedet.

Für die Ausbildung von Pferd und Reiter

Tom Ainslie/Bonnie Ledbetter
So verstehen Sie Ihr Pferd
Fundiertes Praxisbuch über Natur, Bewußtsein und Sozialverhalten des Pferdes: viele Beispiele zu Körpersprache und Problemlösungen, Anleitungen zur Erziehung des Fohlens, Tips zum Kauf eines Pferdes oder Rennpferdes.

Birgit Neuhaus
Freizeitpartner Pferd
Rund um die aktive Freizeitgestaltung mit dem Pferd: beliebte Pferderassen für Freizeitreiter, geeignete Reitweisen, Grundbegriffe zum Fahren, Grundlagen der artgerechten Pferdehaltung.

Gerhard Kapitzke
Das Pferd von A–Z
Aktuelles Grundlagenwissen von A – Z zu Pferdezucht und -haltung sowie zum Reit- und Fahrsport in 1070 Stichwörtern mit vielen informativen Fotos.

Handbuch Pferd
Das Standardwerk der Pferdekunde – konkurrenzlos kompetent: präzise, umfassende Informationen und fachliches Know-how von 42 hochqualifizierten Fachautoren zu den Bereichen Zucht, Haltung, Ausbildung, Sport, Medizin und Recht.

Renate Ettl
Reiten in der freien Natur
Den Ausritt genießen: Vorbereitung auf Schwierigkeiten, die im Gelände vorkommen können, Tips zur Pferdeausbildung und zur Überwindung alltäglicher Hindernisse und Gefahrenstellen.

Manfred Gold
Der Pferdewirt
Das Berufsbild des Pferdewirts; Fachwissen – von Pferdehaltung, Fütterung, Zucht, Gesundheitslehre und Veterinärkunde bis zu Betriebslehre, Wirtschafts- und Sozialkunde; Gesetzesauszüge, Ausbildungsrahmen, Fragen aus dem Lehrstoff.

Im BLV Verlag finden Sie Bücher zu folgenden Themen: Garten und Zimmerpflanzen • Wohnen und Gestalten • Natur • Heimtiere • Jagd • Angeln • Pferde und Reiten • Sport und Fitneß • Tauchen • Reise • Wandern, Alpinismus, Abenteuer • Essen und Trinken • Gesundheit und Wohlbefinden

BLV

Wenn Sie ausführliche Informationen wünschen, schreiben Sie bitte an:
BLV Verlagsgesellschaft mbH • Postfach 40 03 20 • 80703 München
Telefon 089/12705-0 • Telefax 089/12705-543